Liderazgo de la cuarta dimensión
Dr. David Yonggi Cho & Ariel Kim Dong Joh

Publicado por:
Editorial Peniel
Boedo 25
Buenos Aires C1206AAA - Argentina
Tel. (54-11) 4981-6034 / 617
e-mail: info@peniel.com

www.editorialpeniel.com
Copyright © 2006 Editorial Peniel

Diseño de cubierta e interior: Arte Peniel / arte@peniel.com

Publicado originalmente con el título:
"Leadership of 4th Dimension" by Yonggi Cho & Ariel Kim
Por Seoul Logos, Seoul Corea

Las citas bíblicas fueron tomadas de la Biblia Nueva Versión
Internacional (NVI).

Impreso en Colombia
Printed in Colombia

Cho, David Yonggi
Liderazgo de la cuarta dimensión / David Yonggi Cho y Ariel Kim - 1a ed.-
Buenos Aires : Peniel, 2007.
Traducido por: Ariel Kim Dong Joh
ISBN 10: 987-557-139-3   ISBN 13: 978-987-557-139-6
1. Liderazgo. I. Kim, Ariel II. Kim, Ariel, trad. III. Título CDD 303.34.
144 p. ; 21x14 cm.

Liderazgo
de la
cuarta dimensión

David Yonggi Cho
& Ariel Kim

Recomendaciones

Todos hemos sido impactados por el ministerio y la iglesia que el pastor Cho lidera. Como pastor, siempre he querido conocer los detalles y los secretos que contribuyeron a desarrollar su ministerio. Descubrí que el libro *Liderazgo de la cuarta dimensión*, escrito por Yonggi Cho y Ariel Kim, permitirá al liderazgo conocer, de una manera clara y sencilla, las llaves para la multiplicación y el desarrollo de la Iglesia en Latinoamérica. Si usted quiere desarrollarse espiritualmente y ver su iglesia crecer, no puede dejar de leer este libro.

Osvaldo Carnival
Catedral de la Fe, Buenos Aires

Liderazgo de la cuarta dimensión presenta de manera clara y precisa los elementos puntuales de las enseñanzas y vivencias del Dr. David Yonggi Cho. El liderazgo del Dr. Cho no puede ser subestimado: él restauró a la Iglesia universal el modelo celular. A pesar que el Dr. Cho lleva años enseñando sobre el tema de la cuarta dimensión, no todos han podido comprender la esencia de dicho tema y sus aplicaciones prácticas. El presente libro presenta esas verdades de manera sencilla y las coloca al alcance del lector. No tengo duda que el liderazgo del pastor Cho, a quien debemos lo que la Iglesia Elim ha alcanzado, está comprendido dentro de la cuarta dimensión, y capacita a la clase de líder que hoy se necesita. Recomiendo este libro para quienes deseen alcanzar tal liderazgo.

Mario Vega
Misión Cristiana Elim, San Salvador

El nombre del Dr. David Yonggi Cho es sinónimo de liderazgo cristiano. Es uno de los pastores más respetados y admirados del mundo. Tengo presente aquellas palabras que el doctor Cho, a quien considero uno de mis mentores, me escribió en un libro; decía: "Tu visión moldeará tu vida". Estas palabras me llevaron a desarrollar un nuevo nivel de liderazgo.

Ariel Kim, quien ha crecido en el seno del ministerio de Yonggi Cho, y entiende perfectamente el contexto latinoamericano, ha sistematizado las enseñanzas clave del liderazgo del pastor Cho de forma extraordinaria, y estoy persuadido que este libro bendecirá a la Iglesia latinoamericana, en especial a la nueva generación de líderes que Dios está levantando en nuestro continente.

Harold Caballeros
El Shaddai, ciudad de Guatemala

El doctor Cho es uno de los mayores visionarios del siglo XX. Su vida de fe ha sido una fuente de inspiración para miles de líderes alrededor del mundo. Es el padre de la visión celular y un ejemplo constante de iglecrecimiento, en co-autoría con Ariel Kim, presenta: *Liderazgo de la cuarta dimensión*, una obra que le permitirá alcanzar un crecimiento, no solo en almas, sino también en liderazgo.

César Castellanos
Misión Carismática Internacional, Bogotá

Agradecimientos

Existen tres grupos de personas con quienes me siento en deuda espiritualmente, y son el objeto de mis agradecimientos.

Primero, el grupo de líderes y mentores, que con sus vidas y ministerios han sido una constante inspiración para mi vida: Carlos Annacondia, César Castellanos, Harold Caballeros, Osvaldo Carnival, Mario Vega, y sobretodo el Dr. David Yonggi Cho, quien no solo es un objeto de análisis académico, sino un padre espiritual a quien admiro, respeto y amo mucho.

Segundo, el grupo de amigos y colegas con quienes comparto la visión de iglecrecimiento: Edmundo Guillen, Otoniel Chacón, Osvaldo Carrillo, César López y Jonatán Nanni.

Tercero, mi gran familia: a mis padres, por ser ejemplo tanto a nivel familiar como ministerial. Y a mi esposa, por ser una líder modelo y por compartir la visión conmigo.

Contenido

Prólogo

He ministrado durante cuarenta y ocho años, y puedo asegurarles que esto no ha sido por mi fuerza o sabiduría, sino por el liderazgo sobrenatural del Espíritu Santo. El crecimiento de la iglesia, la implementación del sistema celular, la revelación de la cuarta dimensión, y mi teología pastoral de la Bendición Triple han sido fruto de la divina inspiración del Espíritu Santo.

Muchos son los eruditos que han estudiado sobre mi liderazgo, pero tengo el agrado de presentarles un libro que ha sido editado por Ariel Kim, quien ha contextualizado mi liderazgo al ambiente latinoamericano, al que he titulado *Liderazgo de la cuarta dimensión*. Es mi deseo que a través de este libro, usted llegue a la comprensión plena del liderazgo del Espíritu Santo, quien ha sido el fundamento del sistema celular de la Iglesia del Evangelio Completo de Yoido, del Evangelio Quíntuple y de la Bendición Triple.

El liderazgo de la cuarta dimensión es guiado por el Espíritu Santo, por ende, es ilimitado. Es mi esperanza, que a través de la lectura de estas páginas, usted se convierta en un líder lleno de la unción del Espíritu Santo, y pueda ser usado para transformar la Iglesia latinoamericana en una Iglesia que agrade al Espíritu Santo.

Dr. Yonggi Cho
Pastor general de la Iglesia del Evangelio Completo de Yoido
Marzo, 2006

Introducción

Creo que no es ninguna exageración afirmar que el doctor David Yonggi Cho es considerado uno de los más grandes líderes de la historia del cristianismo mundial. Alguien dijo: Billy Graham y Yonggi Cho conforman las dos grandes cordilleras espirituales del siglo XX.

Existen múltiples sinónimos que se relacionan con el pastor Cho: La iglesia cristiana más grande del mundo, el éxito del sistema de los grupos celulares, las multitudinarias cruzadas en los cinco continentes, el impacto del iglecrecimiento a nivel mundial, etc. Sin embargo, estoy persuadido de que estos elementos pueden ser unificados en un solo concepto: Liderazgo.

Muchos son los eruditos que han estudiado sobre el liderazgo del pastor Cho, no obstante, existe tres factores clave que me ha impulsado a escribir este libro. Primero, la falta de un manual sistemático, es decir, mucho es lo que se ha escrito sobre este tema, pero carece de sistematización y aplicación, por ende, es poco práctico. Segundo, la escasez de material publicado, por tanto, mi intención ha sido editar sistemáticamente todos aquellos libros de Cho que tratan sobre el tema de liderazgo, y también he corroborado aquellos artículos que han sido publicados en coreano, pero no en inglés o en español. Tercero, la falta de una comunicación efectiva debido a la barrera del idioma, en otras palabras, una mínima porción de estos estudios académicos, apenas, han sido traducidos al idioma inglés. Como consecuencia de ello, aun en los mismos libros de Cho, no ha habido una concordancia en cuanto a términos técnicos, y esto ha creado una confusión para comprender su teología, sobretodo en América Latina.

En el ambiente latinoamericano, incontable es el número de iglesias que han sido influenciadas por el ministerio del doctor Cho, pero entre las mega-iglesias se destacan las siguientes congregaciones: Elim de El Salvador, El Shaddai de Guatemala y Misión Carismática Internacional de Colombia. No obstante, mi observación es que, por los detalles mencionados anteriormente, han habido una serie de barreras conceptuales en cuanto a la comprensión del liderazgo del pastor Cho y, a pesar de la gran influencia que ejerce en América Latina, esto ha limitado a muchos líderes hispanohablantes para aprender sobre este gran ministerio.

Este libro es el resultado de una aventura teológica; mi experiencia como pastor en una de las iglesias filiales del doctor Cho en Seúl, Corea del Sur, mis estudios de Maestría en Divinidades en la universidad de Hansei, máxima institución teológica perteneciente a las Asambleas de Dios, las traducciones de los libros del pastor Cho al idioma español, y el deseo de exponer este conocimiento en palabras del contexto cultural donde habito, se han concentrado en un solo objetivo: El liderazgo de la cuarta dimensión.

Mi meta se reduce a descubrir y sistematizar las virtudes del liderazgo del pastor de la iglesia más grande del mundo, con el fin de que usted aplique y desarrolle estos principios. Las fuentes de información para su escritura son varias, sin embargo, la fuente primaria han sido los propios libros y conferencias del pastor

Yonggi Cho. Por consiguiente, la mayor parte de esta obra literaria contiene las propias palabras de él citadas entre comillas o su pensamiento escritos en forma expositiva. También he sacado provecho de algunos materiales de estudios académicos tanto escritos como audio-visuales, pero es mi responsabilidad aclarar que en muy pocas ocasiones no he podido mencionar la fuente, pues la misma se encuentra fuera de mi alcance físico. Otros aspectos fueron recibidos de la lectura bíblica y el estudio personal basado en las enseñanzas del pastor Yonggi Cho, expresadas como "mi observación es".

Mi rol principal en esta obra literaria ha sido sistematizar un mar de conceptos de todas las enseñanzas dadas, y contextualizar, al menos las terminologías, al ambiente cultural latinoamericano, con el fin de que la misma no resulte algo teórico, sino en un manual práctico de liderazgo.

Mi hipótesis de que el liderazgo de Yonggi Cho es liderazgo de la cuarta dimensión está basada en la misma definición del pastor Cho con relación a su estilo de liderazgo: "Mi liderazgo es liderazgo por el Espíritu Santo".

Ariel Kim

Parte 1
Liderazgo y espiritualidad

1

Liderazgo de la cuarta dimensión

Se dice que existen aproximadamente cinco mil definiciones de la palabra *liderazgo*. Según la vigésima edición del diccionario de la Real Académica española, "Liderazgo es situación de superioridad en que se halla una empresa, un producto o un sector económico, dentro de su ámbito".[1] Sin embargo, si tenemos en cuenta sus raíces etimológicas, notaremos que este término se relaciona más con la acción, que con una situación o estado, puesto que el mismo proviene de *lithan,* del idioma anglosajón, cuyo significado es *ir.*

El profesor de iglecrecimiento del seminario bautista Southwest, John Vaughan, afirma que de las cincuenta iglesias más grandes del mundo, veinticuatro se encuentran en Corea del Sur, y agrega que una de las características de este fenómeno es el liderazgo carismático de sus pastores.[2]

Sin embargo, mi observación es que la Iglesia del Evangelio Completo de Yoido se diferencia de estas mega-iglesias debido al notable liderazgo de su pastor. Mi definición de la iglesia pastoreada por Cho es que no solo es una iglesia grande –de hecho, la más grande– sino una gran iglesia; porque no solo es grande en tamaño, sino también es grande en influencia, y esto encuentra su fundamento en el excelente liderazgo del doctor Cho.

Uno de los copastores de la iglesia del Evangelio Completo, Lee Young Hoon, afirma que seis son los factores que han constituido el crecimiento de esta gran congregación: 1) Oración, 2) Manifestación sobrenatural del Espíritu Santo, 3) Liderazgo del pastor Cho, 4) Movimiento de sanidad divina, 5) Sistema de los grupos celulares, 6) Movimiento de evangelismo.[3] No obstante, estoy convencido que, tal como lo afirma Myung Sung Hoon, uno de los discípulos de Cho, en el mismo libro, la palabra liderazgo es el imán que puede absorber a todos estos factores, pues ni el enfoque en la oración, ni el sistema de los grupos celulares hubieran sido posibles sin el liderazgo de Yonggi Cho. En este sentido estoy de acuerdo con las palabras motivadoras de John Maxwell: "Liderazgo es todo".[4]

En cierta oportunidad, el pastor Cho aclaró: "Mi liderazgo es liderazgo por el Espíritu Santo".[5] Esta autodefinición me llevó a analizar el liderazgo del pastor de la iglesia más grande del mundo desde otra perspectiva. De pronto, llegué a la conclusión de que *liderazgo de la cuarta dimensión* es el término exacto que, sin mucho esfuerzo, puede definir todos los factores relacionados con el ministerio del pastor Cho, puesto que la iglesia de Yoido es el resultado del liderazgo de este gran hombre.

Entonces, ¿por qué liderazgo de la cuarta dimensión? Previamente, permítame definir el concepto de la cuarta dimensión basado en el libro *La cuarta dimensión*.

La cuarta dimensión es un término técnico usado en el área de la geometría. Imagínese una tabla en blanco. Si usted marca dos puntos y los une en una línea, obtendrá una línea unidimensional, puesto que la primera dimensión consiste en una línea que une dos puntos. Si se agregan varias líneas una al lado de otras líneas, obtendremos un plano bidimensional, ya que la segunda dimensión consiste en un plano. Si al plano, agregamos otros planos uno arriba del otro, obtendremos un cubo tridimensional, puesto que la tercera dimensión consiste en un cubo.[6]

Primera dimensión	Linea (visible)	Latitud
Segunda dimensión	Plano (visible)	Latitud, longitud
Tercera dimensión	Cubo (visible)	Latitud, longitud, profundidad, densidad, tiempo, espacio, material
Cuarta dimensión	Dimensión (invisible)	Eterno, infinito, espiritual

La tercera dimensión es la dimensión física que contiene tres elementos: tiempo, espacio y material. El mundo cúbico es la dimensión física que percibimos con los cinco sentidos, es decir, la vista, el oído, el tacto, el olfato y el gusto.

Pero la Biblia afirma que existe una dimensión mayor. Génesis 1:2 dice: *"La tierra era un caos total, las tinieblas cubrían el abismo, y el Espíritu de Dios iba y venía sobre la superficie de las aguas"*. Es decir, existe una dimensión mayor que cubre la tercera dimensión visible física y material, la dimensión espiritual, en términos de geometría, la cuarta dimensión.

Note que la tercera dimensión física y material ha sido creada por el poder de la dimensión espiritual, por ende, la tercera dimensión no es auto existente. Hebreos 11:3 dice: *"de modo que lo que se ve fue hecho de lo que no se veía"*. Esta verdad bíblica apoya fuertemente la ley universal que dice que toda sustancia se encuentra envuelta en una sustancia más grande. En otras palabras, la cuarta dimensión espiritual sojuzga, domina e influencia a la tercera dimensión física y material.

La cuarta dimensión está subdividida en tres niveles. La dimensión de Dios, la dimensión de Satanás y la dimensión del hombre.

Tres niveles de la cuarta dimensión:

Nivel superior	Dios
Nivel intermedio	Satanás
Nivel inferior	El hombre

El hombre es un ser físico, compuesto por carne, sangre y hueso, que pertenece a la tercera dimensión, pero a su vez es un ser espiritual perteneciente a la cuarta dimensión. La Biblia claramente apoya esta verdad. *"Y Dios el Señor formó al hombre del polvo de la tierra, y sopló en su nariz hálito de vida, y el hombre se convirtió en un ser viviente"* (Génesis 2:7). Cabe recordar las palabras del filósofo Pascal: El hombre posee dentro suyo un lugar que nadie lo puede ocupar, excepto Dios.

Es en el nivel de la cuarta dimensión donde la influencia de los poderes se manifiestan. Por este motivo es necesario que el hombre encuentre un área de contacto con el Espíritu Santo para prevalecer en la batalla de la dimensión espiritual. El apóstol Pablo entendió este panorama. *"Porque nuestra lucha no es contra seres humanos, sino contra poderes, contra autoridades, contra potestades que dominan este mundo de tinieblas, contra fuerzas espirituales malignas en las regiones celestiales"* (Efesios 6:12).

Pero observe que esta lucha de los tres niveles de la cuarta dimensión no solo se halla en el Nuevo Testamento, sino también en la época vetero testamentaria, a lo que los eruditos han calificado como las "guerras santas" de Yahvé. David, aun siendo muy joven, entendió este concepto, y dijo: *"Tú vienes contra mí con espada, lanza y jabalina, pero yo vengo a ti en el nombre del Señor Todopoderoso, el Dios de los ejércitos de Israel, a los que has desafiado. Hoy mismo el Señor te entregará en mis manos; y yo te mataré y te cortaré la cabeza. Hoy mismo echaré los cadáveres del ejército filisteo a las aves del cielo y a las fieras del campo, y todo el mundo sabrá que hay un Dios en Israel. Todos los que están aquí reconocerán que el Señor salva sin necesidad de espada ni de lanza. La batalla es del Señor (nivel superior), y él los entregará a ustedes en nuestras manos.* (1 Samuel 17:45-47, énfasis mío).

Este principio de la guerra espiritual llega a su conclusión cuando Jesús dijo: *"Todo se ha cumplido"* (Juan 19:30). Es decir, la victoria era completa. Resumiendo, la cuarta dimensión es el plano espiritual donde Dios prevalece sobre todas las cosas.

Hemos aclarado que la dimensión espiritual sojuzga e influencia la dimensión física, es decir, las dimensiones no se encuentran aisladas entre sí, sino que interactúan permanentemente. De esta manera, lo espiritual se refleja en lo natural. Pero la pregunta que nos surge es la siguiente: ¿cómo se explica la interacción de las dimensiones?

La línea unidimensional no es más que una línea teórica, es decir, es una línea imaginaria, porque cualquier persona que quiera dibujar una línea, debido al espesor de la punta del lápiz, la misma estará destinada a tener densidad, por ende, se convertirá automáticamente en un plano bidimensional. Lo mismo sucede con el plano. El plano bidimensional es imaginario, porque propiamente hablando, si usted dibuja un plano, debido al espesor de la punta del lápiz, el plano tendrá densidad, y si tiene densidad, dejará de ser un plano, pasará automáticamente a ser un cubo tridimensional. Lo mismo ocurre con el mundo cúbico de la tercera dimensión y el mundo espiritual de la cuarta dimensión, ya que el cubo contiene tiempo y espacio, y la cuarta dimensión también contiene el mismo elemento pero con características mayores, es decir, el tiempo pasa a ser eterno y el espacio a ser infinito. En pocas palabras, teóricamente hablando, las dimensiones se encuentran aisladas, sin embargo, propiamente hablando, las dimensiones están interconectadas, por tanto, se interrelacionan.

Veamos un ejemplo. Jesús reprendió al espíritu mudo y sordo, cuando un padre trajo a su hijo, y dijo: *"–Espíritu sordo y mudo –dijo–, te mando que salgas y que jamás vuelvas a entrar en él"* (Marcos 9:25). Jesús observó al muchacho desde el punto de vista espiritual, y no desde la perspectiva tridimensional, sin embargo, note que el milagro ocurrió en la tercera dimensión visible física y material. Esto se debe a la interrelación de las dimensiones.

Algunos tienen la tentación de dejar a un lado y descuidar o subestimar el plano físico, pero Dios creó al hombre como un ser integral, es decir, en espíritu, alma y cuerpo, por lo que ninguna parte debe ser subestimada. Cho enfatiza que la salvación de Dios es holística,[7] es decir, involucra el área espiritual, emocional (que incluye todo lo relacionado con las circunstancias) y física.

Si tenemos en cuenta que liderazgo se relaciona con la acción, más que una situación o estado, y está ligado con la influencia, podemos concluir diciendo que el término *liderazgo de la cuarta dimensión* define a la acción e influencia ejercidas en la dimensión espiritual y reflejadas a través de la misma en la dimensión física.

Capítulo 2

El líder y el Espíritu Santo

La espiritualidad de un líder determina su liderazgo, lo cual es el resultado de su intimidad con el Espíritu Santo. El Espíritu Santo tiene una importancia bastante peculiar y significativa en el liderazgo espiritual de Cho.

Aun siendo consciente de la teoría de la Trinidad, Cho consideraba al Espíritu Santo como una fuerza, energía o poder, hasta que logró entender que el Espíritu Santo era una persona. Recuerde que la palabra *persona* es un término técnico que se emplea para resaltar la existencia del intelecto, la emoción y la voluntad.

"Durante los primeros días de mi ministerio, no comprendía que el Espíritu Santo era una persona. Por supuesto, conocía al Dios Trino en un nivel intelectual, pero consideraba al Espíritu Santo como una clase de poder o fuerza. Pero el Espíritu Santo es una persona, y a partir de ese momento, he reconocido al Espíritu Santo como persona, deposito mi confianza en él, y recibo su guía".[1]

A partir de ese instante, la costumbre de invitar al Espíritu Santo se tornó en una hábito diario: 'Espíritu Santo, te reconozco, te doy la bienvenida, te acepto'. Es interesante saber que hasta ese momento, la iglesia había alcanzado un crecimiento moderado, pero no explosivo, pero el límite de tres mil personas en el año 1964 había sido superado, llegando al número dieciocho mil en el año 1969".[2]

El Espíritu Santo siempre ha estado presente en el liderazgo espiritual de Cho. La razón por la que el liderazgo de la cuarta dimensión es ilimitado se debe a que el mismo es un liderazgo por el Espíritu Santo.

Cho sostiene que existen tres niveles de intimidad con el Espíritu Santo, que enriquecen nuestra relación con Él, e influencian nuestra realidad de la tercera dimensión física.

1) Nivel de comunión

La enseñanza clave de Cho en cuanto al Espíritu Santo es la comunión con el Espíritu Santo. La palabra que se emplea para referirse a comunión en el idioma griego es *koinonía*. Según el Nuevo Diccionario Internacional de la Teología del

Nuevo Testamento, editado por Colin Brown, *Koinonía* significa asociación, comunión, compañerismo y participación.[3]

Cho enfatiza que el Espíritu Santo es *parakletos* basado en el pasaje de Juan 14:16, que literalmente significa "alguien que acompaña". Tanto la Reina Valera 1960 como la Nueva Versión Internacional traducen *parakletos* como Consolador. No obstante, esta palabra tiene una connotación más amplia. Según Cho, *parakletos* implica colaborador, maestro, consolador, vocero y abogado asesor.[4]

Cho hace énfasis en la comunión con el Espíritu Santo de la siguiente manera: "Siempre confieso: 'Espíritu Santo, gracias por este nuevo día. Voy a ser victorioso junto a ti', y luego abro mi Biblia y digo: 'Espíritu Santo, por favor, guíame a toda verdad. Espíritu Santo, tú conoces perfectamente qué es lo que Dios quiere comunicar a la gente. Por favor, háblame de antemano para que yo pueda discernir tu voluntad'. Antes de predicar la palabra, confieso: 'Espíritu Santo, este púlpito es tuyo. Vamos juntos'. Luego de la predicación, digo: 'Espíritu Santo, gracias. Solo soy un instrumento tuyo, tú has hecho todas estas cosas maravillosas. Gracias'".[5]

Koinonía y *parakletos* son las dos palabras claves para comprender la pneumatología de Cho.

2) Nivel de asociación

Es la comunión con el Espíritu Santo la que nos permite llegar al nivel de asociación con su persona. Cho ilustra el nivel de asociación de la siguiente manera: "El Espíritu Santo es el socio mayor, mientras que el siervo de Dios es el socio menor, y los dos deben asociarse para extender el reino de Dios. El término socio se usa mayormente en el ámbito de los negocios, cuando dos o más personas se juntan para lograr un mismo objetivo: generar ingresos. El socio mayor es quien establece metas, planes y estrategias, mientras que el socio menor es quien las lleva a cabo".[6]

En pocas palabras, el segundo nivel que remarca Cho es trabajar en sociedad con el Espíritu Santo, lo que nos eleva a un tercer nivel, el nivel de unidad.

3) Nivel de unidad

El nivel de unidad implica la llenura del Espíritu Santo, lo cual es el resultado de la comunión y la asociación con el Espíritu Santo.

Las siguientes palabras de Cho simplifican nuestro entendimiento en cuanto a la unidad con el Espíritu Santo. "Estamos sujetos al Espíritu Santo cuando recibimos a Jesús como nuestro Salvador personal. A partir de ese instante, dejamos de ser seres individuales e independientes, pues nada nos separará de Él. Tenemos que estar conscientes de que el Espíritu Santo forma parte de lo más íntimo de nuestro corazón, y de que somos uno".[7]

Sin embargo, el bautismo o la llenura del Espíritu Santo es considerado como una experiencia espiritual que se diferencia de la salvación, y tiene como evidencia tres elementos: Hablar en lenguas, predicar el evangelio con denuedo y tener convicción de corazón.[8]

En pocas palabras, el nivel de unidad es sinónimo de la llenura del Espíritu Santo.

Capítulo

3

Espiritualidad de la cuarta dimensión

No es fácil hallar una definición concreta para la palabra *espiritualidad*. Según Bernard McGinn, la espiritualidad del cristianismo es la viva experiencia en la fe, sin importar su forma. A través de la historia, podemos notar que la espiritualidad ha sido manifestada de diversas formas. Por ejemplo, la espiritualidad de los reformadores estaba en la fe, mientras que la espiritualidad de los pentecostales ha estado en las misiones.[1] En síntesis, espiritualidad es la intimidad del hombre con Dios.

La espiritualidad del doctor Cho está ligada a la intimidad con el Espíritu Santo. Recuerde que existen tres niveles de la cuarta dimensión: Dios, Satanás y el hombre. Es decir, la cuarta dimensión es el área de contacto donde se manifiesta el desplazamiento de poderes, y a través del Espíritu Santo podemos prevalecer en la guerra espiritual.

Pero la pregunta que nos surge es la siguiente: ¿A través de qué elementos podemos nosotros tener un punto de contacto con la cuarta dimensión del Espíritu Santo?

Cho presenta cinco elementos, por medio de los cuales podemos tener un punto de contacto con el poder del Espíritu Santo: Mentalidad, fe, visiones y sueños, lenguaje y oración.

Estos cinco elementos son el área de contacto donde el hombre puede interactuar con la cuarta dimensión. Aun los inconversos hacen provecho de ellos aunque sea en un nivel inferior o intermedio. Es interesante saber que los especialistas en pensamiento positivo también resaltan estos mismos componentes. Note que estos cinco elementos pertenecen a la cuarta dimensión espiritual, por tanto, no son visibles, y no están sujetos a tiempo, espacio y material. También es interesante saber que estos cinco elementos ejercen una gran influencia sobre la tercera dimensión física. Es decir, la mentalidad, la fe, las visiones y los sueños, el lenguaje y la oración son los cinco elementos claves por los que ponemos en práctica la teoría de la cuarta dimensión. Los siguientes puntos son un resumen de la enseñanza de Cho sobre los cinco puntos de contacto de unidad con el Espíritu Santo, a los que mi reflexión personal ha sido añadida.

1) Mentalidad

La mentalidad tiene que ver con nuestra manera de pensar. La imaginación no es otra cosa que el conjunto de varios pensamientos. Las distintas ideologías que han producido grandes revoluciones tanto políticas como económicas y culturales a lo largo de la historia de la humanidad también tienen sus raíces en la mentalidad del hombre. Una de las enseñanzas más populares de Cho es: "Lo que piensas es lo que obtendrás".[2] La Biblia enfatiza la importancia del pensamiento: *"Porque cual es su pensamiento en su corazón, tal es él"* (Proverbios 23:7 RV60).

El problema está en que la mentalidad del hombre ha sido corrompida por causa del pecado, y tanto su intelecto como su mente racional están en enemistad con Dios. Isaías 55:7 dice: *"Deje el impío su camino, y el hombre inicuo sus pensamientos, y vuélvase a Jehová, el cual tendrá de él misericordia, y al Dios nuestro, el cual será amplio en perdonar".*

Debido a que la mentalidad pertenece a la cuarta dimensión, el diablo controla al hombre a través de este elemento. De hecho, con relación a la traición de Judas, Juan 13:2 (RV60) dice: *"Y cuando cenaban, como el diablo ya había puesto* (un pensamiento) *en el corazón de Judas Iscariote, hijo de Simón, que le entregase..."* (énfasis mío).

Es por esta misma razón que el apóstol Pablo señala, diciendo: *"No se amolden al mundo actual,* *sino sean transformados mediante la renovación de su <u>mente</u>. Así podrán comprobar cuál es la voluntad de Dios, buena, agradable y perfecta"* (Romanos 12:2 énfasis mío).

Entonces, ¿cómo podemos cambiar nuestra mentalidad? A través de la Palabra de Dios. La Biblia contiene el pensamiento de Dios. La auto imagen de Abraham cambió drásticamente cuando recibió la palabra de Dios, y oyó una voz que decía: *"te he confirmado como padre de una multitud de naciones"* (Génesis 17:5). Por tanto, nuestro deber reside en programar nuestra mentalidad a través de la Palabra de Dios.

Es sumamente interesante saber que la mentalidad no solo cambia a una persona, sino que la transformación puede ocurrir tanto a nivel de una organización como de una nación entera. Veamos el caso de Corea del Sur. Debido a las consecuencias de la Segunda Guerra Mundial, conocida como la guerra coreana, la nación quedó prácticamente devastada. Sin embargo, durante la época de la dictadura militar de Park Jeong Hee (1963-1979) se produjo un cambio de mentalidad a nivel nacional. Este movimiento de desarrollo económico llamado movimiento *Semaul* (Nuevo pueblo) estaba fundado en un lema que decía "Si lo hacemos, podemos". De hecho, el lema de la iglesia de Yoido era: "Podemos hacerlo, si lo hacemos lo lograremos, hagámoslo".

Este lema me llevó a pensar sobre la relación entre el cristianismo y el desarrollo económico, debido a que esta mentalidad positiva estaba estrechamente ligada con los pasajes bíblicos de Marcos 9:23 y Filipenses 4:13, hasta que tuve en mis manos uno de los últimos libros del doctor Cho, donde cuenta sobre el encuentro que tuvo con el ex presidente Park, sugiriéndole iniciar el movimiento *Semaum* (Nuevo corazón).

Ahí pude comprender que el fundamento del desarrollo económico de Corea del Sur residía en la Palabra de Dios. En una década, Corea del Sur pasó de ser una de las naciones más pobres del mundo a ser el decimocuarto país más próspero de todo el planeta. En 1962, el ingreso per cápita era apenas de $ 82, hoy en día, es casi de $ 20.000, y el cristianismo se ha infiltrado en todas las fibras de la sociedad. Actualmente, Corea del Sur cuenta con un 35% de población cristiana, 25% de protestantes, y 10% de católicos; cincuenta mil iglesias, doce millones de cristianos, y quince mil misioneros dispersados en todo el mundo. El cambio de mentalidad basado en la Palabra de Dios es realmente poderoso.

2) Fe

La fe es la segunda área de contacto con el Espíritu Santo. *"Sin fe es imposible agradar a Dios"* (Hebreos 11:6). Existen dos niveles de fe: La fe natural y la fe sobrenatural.

La fe natural es creer y depositar nuestra confianza en algo. Por ejemplo, no llegamos a observar con nuestros ojos físicos el movimiento del viento, no obstante, el viento se encuentra presente en cualquier lugar. Lo mismo sucede con las ondas de la radio. No las vemos, pero sabemos y creemos que ahí están. Convicción es sinónimo de fe natural, porque convicción también pertenece a la cuarta dimensión, aunque en un nivel inferior, por ende, no es visible, pero mueve y transforma a la tercera dimensión física.

La fe sobrenatural es la fe de Dios. Juan 14:1 (RV60) dice: *"No se turbe vuestro corazón; creéis en Dios, creed también en mi"*. Pero note que en el idioma original no dice: *"creéis en Dios"*, sino: "tened la fe de Dios". Es decir, la fe de Dios es la fe sobrenatural.

Cho hace énfasis en que la fe precede a la experiencia. Primeramente hay que creer para luego experimentar. Fe no es otra cosa que elegir el creer en la Palabra de Dios.[3] Romanos 11:1 dice: *"La fe es por el oír, y el oír por la palabra de Dios"*. Otro énfasis de Cho es que la fe debe coincidir no solamente con nuestro lenguaje sino también con nuestras acciones.[4]

Mi reflexión es que la enseñanza del doctor Cho en cuanto a la fe encuadra muy bien en el contexto latinoamericano. En América Latina, al igual que en otras partes del mundo, el énfasis ha estado en la emoción. Estoy de acuerdo que la fe influencia y abarca a la emoción, pero al hacer esto, perdemos la riqueza del intelecto y la voluntad. Otro detalle es la relación de la fe con el lenguaje y la acción. Creo que muchos de los que vivimos en el contexto latinoamericano hemos cometido el error de hablar mucho y hacer poco, y esto no es fe. Por tanto, la enseñanza de doctor Cho en cuanto a la fe basada en la Palabra de Dios debe ser considerada a nivel profético por la iglesia latinoamericana.

3) Visiones y sueños

Una de las enseñanzas más populares del doctor Cho trata de las visiones y los sueños. Él afirma: "las visiones y los sueños son el lenguaje del Espíritu Santo", porque la Biblia más de una vez dice: *"derramaré mi Espíritu sobre todo el género humano... tendrán sueños los ancianos y visiones los jóvenes"* (Joel 2:28; Hechos 2:17).

Hellen Keller dijo: "La persona más pobre no es aquella que no tiene bienes materiales, sino la que no tiene un sueño". El fundador de Daewoo también hace énfasis en el sueño, cuando dice: "El mundo pertenece a los soñadores". De hecho, los grandes hombres de la Biblia como Abraham, Jacob, Moisés y el apóstol Pablo fueron hombres de gran visión.

Pero existe una distinción entre el sueño del hombre y el sueño de Dios. El sueño del hombre es un elemento invisible que pertenece a la cuarta dimensión, sin embargo, el mismo se encuentra en un nivel inferior, y se destaca por ser egocéntrico, y muchas veces se manifiesta en forma de ambición personal. Por el contrario, el sueño de Dios se origina en el corazón de Dios, y es comunicado al hombre a través del Espíritu Santo.

Las visiones y los sueños están ligados con el principio de visualización. Es decir, uno obtiene en el día de mañana lo que visualiza en el día de hoy. Esto es lo que le sucedió a Abraham con la descendencia (Génesis 13:14-18; 15:1-7), a Jacob con las ovejas (Génesis 30:37-43), y al pueblo de Israel en el desierto con la serpiente de bronce (Números 21:8-9). Justamente, otra de las frases más populares de Cho es: "Dime tu visión, y yo profetizaré tu futuro". Bill Hybels, pastor general de Willowcreek Community, basándose en este principio, comenta que la iglesia visible es producto de la iglesia invisible. Aquí la iglesia invisible es la iglesia que uno concibe y sueña en el corazón.

Cho enseña que las visiones y los sueños son sumamente importantes, porque cuando uno visualiza, atrae lo que visualiza o es atraído por ello.[5] Creo que esta enseñanza se observa en las culturas. Se dice que los mayas en Centroamérica tenían la costumbre de amarrar con piezas de madera la parte frontal de la cabeza de los bebés recién nacidos, y les aplastaban la nariz y la frente con el fin de que esa parte fuera recta, y de esta manera asemejaran a una serpiente, el dios a quien ellos adoraban. También es interesante saber que las vestimentas típicas de los indígenas tienen un parecer con la piel de la serpiente en su diseño y color.[6] La Biblia más de una vez dice: *"Semejantes a ellos son sus hacedores, y todos los que confían en ellos"* (Salmos 115:8; 135:18), y esto está relacionado con el principio de visualización.

4) Lenguaje

Tanto la mentalidad, como la fe y los sueños se transmiten a través del lenguaje. La superioridad del hombre sobre los animales se encuentra en la capacidad de hablar. Por tanto, debemos tomar conciencia que nuestro lenguaje tiene un poder creativo, puesto que el hombre ha sido creado según la imagen y semejanza de Dios, y Dios es quien ha creado el universo por medio de la palabra.

Se ha comprobado que el lenguaje del hombre influencia y transforma el cristal de los componentes del agua. Según Emoto Masaru, en su libro *The Hidden Messages in Water*, el agua tiene la capacidad de absorber, contener, y retransmitir la emoción del hombre, y este proceso se lleva a cabo a través de imágenes, música y lenguaje. Según la investigación, las palabras positivas tanto escritas como confesadas daban como resultado un perfecto hexágono en sus cristales, mientras que las palabras negativas resultaban en un sin número de formas diferentes desagradables. Luego de ocho años de estudios, este científico japonés, concluyó que las palabras "te amo" y "gracias" resultaron ser las más agradables. Los eruditos del tema coinciden que esto se debe a que el agua tiene la capacidad de guardar informaciones que son transmitidas a través de imágenes, pensamientos o palabras.

Aun así la creatividad del lenguaje del hombre está reducida al nivel más bajo de la cuarta dimensión.

Por tanto, el poder creativo llega a su punto máximo cuando nosotros confesamos la Palabra de Dios. La confesión de la Palabra es un elemento poderoso que transforma la tercera dimensión visible.

Note que el lenguaje, al igual que la mentalidad, la fe, las visiones y los sueños, no es limitado por el tiempo, espacio y material. La Biblia dice en Proverbios: *"si verbalmente te has comprometido, enredándote con tus propias palabras"* (Proverbios 6:2), *"Cada uno se llena con lo que dice y se sacia con lo que habla. En la lengua hay poder de vida y muerte; quienes la aman comerán de su fruto"* (Proverbios 18:20-21). Esto quiere decir que se abre delante nuestro un nuevo panorama, y que a través del lenguaje, la confesión de la Palabra de Dios, podemos influenciar y transformar las circunstancias.

A mi entender, el lenguaje que Cho enfatiza se reduce a tres aspectos: la confesión oral de versículos bíblicos, la confesión de fe en tiempo pasado, y la autoridad para ordenar. Pero ampliaremos este tema cuando tratemos sobre la oración en el siguiente capítulo.

5) Oración

La oración es el punto de llegada de los cuatro elementos mencionados anteriormente, ya que la mentalidad, la fe, las visiones y los sueños, y el lenguaje son expresados a través de la oración, el quinto y último elemento de la cuarta dimensión.[7]

Si tenemos en cuenta que la oración es intimidad con Dios, la misma se diferencia de los cuatro elementos mencionados anteriormente, puesto que no puede ser usada en un nivel inferior. Es decir, al igual que el creyente, el incrédulo también puede hacer uso de los cuatro elementos: pensar positivamente, tener convicción de una ideología, soñar en grande, y hablar en acorde a sus creencias, pero no puede orar a Dios, porque su espíritu se encuentra muerto. Remarca la importancia de la identidad en cuanto a la oración. Básicamente, la identidad se basa en dos aspectos: El rey y el sacerdote. El rol principal del rey es sojuzgar y dar órdenes, mientras que el papel del sacerdote es orar a favor del pueblo y bendecir.[8] En el momento de oración, debemos saber quiénes somos, porque si no sabemos que somos reyes, jamás podremos dar órdenes.

El pastor Cho sugiere tres horas diarias de oración distribuidas en una hora de oración utilizando varios modelos, una hora de adoración, y una hora de esperar en el Señor. Es necesario –dice él– ministrar a Dios antes de ministrar a la gente.[9] Ministrar a Dios no es otra cosa que la oración, y ministrar a la gente es predicar el mensaje.

Existen varios modelos de oración que nos ayudarán a tener una prolongada y profunda intimidad con Dios, pero esto lo ampliaremos en el siguiente capítulo.

Capítulo

4

El movimiento de oración

S egún Cho, el movimiento del Espíritu Santo es el movimiento de oración.[1] Tanto a nivel personal del pastor como a nivel de toda la congregación de Yoido, la oración ocupa un lugar muy particular. La Iglesia del Evangelio Completo de Yoido se caracteriza por la oración. Las reuniones de oración se realizan de la siguiente forma: oración matutina (Salmo 5:3; Lucas 21:37-38; Juan 8:2; Hechos 5:21), vigilia (Lucas 6:12), oración de Jericó (Josué 6:15), y oración de Daniel (Daniel 10:1-14).

La oración matutina es algo muy especial de la iglesia coreana, la cual ha sido originada durante el avivamiento de Pyongyang en el año 1907. Actualmente, casi todas las iglesias en Corea del Sur, sin importar sus denominaciones, llevan a cabo estas reuniones, que normalmente comienzan a las cinco de la mañana, y esto ha causado un impacto espiritual abrumador en los extranjeros que visitan esta nación.

El pastor Cho confiesa orar de tres a cinco horas diarias,[2] y exhorta a los pastores a orar un mínimo de tres horas diarias. Explica que uno puede gozar de la plenitud de la oración, luego de un genuino arrepentimiento de los deseos de la carne, y un tiempo de alabanza y adoración.[3]

Pero, ¿por qué tres horas diarias? El movimiento de oración de tres horas diarias para pastores y una hora diaria para laicos tiene su fundamento en Mateo 26, cuando Jesús pide a sus discípulos que velen y oren. *"Padre mío, si es posible, no me hagas beber este trago amargo. Pero no sea lo que yo quiero, sino lo que quieres tú"* (v. 39).

El secreto reside en el siguiente versículo: *"Luego volvió a donde estaban sus discípulos y los encontró dormidos. "¿No pudieron mantenerse despiertos conmigo ni una hora? –le dijo a Pedro–"* (v. 40 énfasis mío).

Pero el relato no termina allí, sino que sigue de la siguiente manera: *"Estén alerta y oren para que no caigan en tentación. El espíritu está dispuesto, pero el cuerpo es débil. Por segunda vez se retiró y oró: Padre mío, si no es posible evitar que yo beba este trago amargo, hágase tu voluntad. Cuando volvió, otra vez los encontró dormidos, porque se les cerraban los ojos de sueño. Así que los dejó y se retiró a orar por tercera vez, diciendo lo mismo"* (vs. 41-44 énfasis mío).

Existen múltiples modelos de oración que el pastor Cho enseña, sin embargo, los más destacados y particulares son: 1) La oración específica, 2) la oración en tiempo pasado, 3) la oración imperativa, 4) la oración en unísono, 5) la oración del tabernáculo, 6) la oración en lenguas.

1) La oración específica

El fundamento bíblico de la oración específica es el relato de la sanidad de Bartimeo, el ciego. Cho explica que a pesar del evidente panorama, Jesús le hace una pregunta extravagante, y dice: *"–¿Qué quieres que haga por ti?"* (Marcos 10:51). Era obvio que la necesidad de Bartimeo era recobrar la vista, sin embargo, Jesús hace una pregunta extrañamente generosa. El Maestro quería que Bartimeo fuera específico en cuanto a su petición, y que expresara su fe en el Hijo de Dios.

A Bartimeo solo le bastaron tres palabras para recibir el milagro *"–Rabí, quiero ver"*, a lo que Jesús le respondió, diciendo: *"–Puedes irte ... tu fe te ha sanado"*. Marcos, el autor de este pasaje, añade: *"Al momento recobró la vista y empezó a seguir a Jesús por el camino"* (Marcos 10:52).

La oración específica es un poderoso modelo que Cho descubrió, cuando apenas iniciaba su ministerio. Mientras estaba orando por sus necesidades materiales, Dios le reprendió diciendo: "Cometes el mismo error que cometen muchos cristianos. Oras, pero no sabes lo que quieres. Quiero que seas específico en la oración".[4]

A partir de ese momento, la oración del joven Cho comenzó a tomar otra forma y color. "Padre, quiero una bicicleta estadounidense con cambios, una mesa de caoba filipina, y una silla con rueditas".[5] Para su sorpresa, estas tres cosas llegaron a través de las manos de un misionero estadounidense a quien él le había ayudado en las mudanzas.

Cho enseña que la oración específica es importante, porque con este modelo de oración uno puede percibir la respuesta de parte del Señor, es decir, una respuesta concreta es la consecuencia de una oración específica.

2) La oración en tiempo pasado

Marcos 11:24 es un pasaje bíblico clave para enseñar sobre la oración. El pasaje dice así: *"Por tanto, os digo que todo lo que pidiereis orando, creed que lo recibiréis, y os vendrá"*.

Para los hispanohablantes, este pasaje puede pasarse por alto muy fácilmente, ya que la Reina Valera 1960 lo traduce en tiempo futuro. No obstante, en el idioma original, no dice: *"creed que lo recibiréis"*, sino que dice: "Creed que lo has recibido". Es decir, figura en tiempo pasado.

Pero este principio no solo se halla en este pasaje, sino que se encuentra en toda la Biblia. Observemos solo algunos versículos bíblicos. Génesis 17:5 dice: *"Y no se llamará más tu nombre Abram, sino que será tu nombre Abraham, porque te he puesto por padre de muchedumbre de gentes"*.

Fíjese que no dice, te pondré por padre de multitudes, sino que lo dice en tiempo pasado. Abraham no tenía ni siquiera un hijo, sin embargo, para Dios la descendencia de Abraham era algo que ya había ocurrido, porque Dios *"llama las cosas que no son como si ya existieran"* (Romanos 4:17). Números 33:53 dice: *"y conquisten la tierra y la habiten, porque yo se la he dado a ellos como heredad"*. Note que el pueblo de Israel todavía no estaba en la tierra prometida, razón por la que la tierra no pasaba de ser una promesa futura, sin embargo, para Dios no era cosa futura, y por eso lo había dicho en tiempo pasado. Josué 6:2 dice: *"Pero el Señor le dijo a Josué:¡He entregado en tus manos a Jericó, y a su rey con sus guerreros!"* Estas palabras habían salido de la boca de Dios, aun antes de que Jericó hubiese sido conquistada por Israel.

En Isaías 9:6 existe una frase crucial en cuanto a la comprensión del Mesías. *"Porque nos ha nacido un niño, se nos ha concedido un hijo; la soberanía reposará sobre sus hombros"*. ¿Cómo se puede comprender esto? Note que esta profecía fue dada a Isaías seiscientos años antes de que Jesús naciera. Pero para el profeta, el Mesías no era una mera promesa del futuro, sino algo que ya había sido cumplido. En el momento del llamamiento y misión del joven Jeremías, el Señor dijo: *"Antes de formarte en el vientre, ya te había elegido; antes de que nacieras, ya te había apartado; te había nombrado profeta para las naciones"* (Jeremías 1:5). Nuevamente, el Señor utiliza el tiempo pasado, al decir que el destino de Jeremías como profeta era algo que ya había sido definido por Dios antes de que naciese, y no en el momento de la consagración de este joven profeta. A mi entender, este principio llega a su punto máximo, cuando Jesús dice: *"consumado es"* (Juan 19:30 RV60), que literalmente significa: *"Todo se ha cumplido"* (NVI).

3) La oración imperativa

Al igual que el modelo del tiempo pasado, este modelo de oración también tiene su base en Marcos 11:23, pero, de hecho, su fundamento se encuentra a lo largo de toda la Biblia. Marcos 11:23 dice: *"Les aseguro que si alguno le dice a este monte: 'Quítate de ahí y tírate al mar', creyendo, sin abrigar la menor duda de que lo que dice sucederá, lo obtendrá"*. Note que el verbo conjugado está en modo imperativo.

Josué entendía exactamente este principio, al exclamar: *"Sol, detente en Gabaón, luna, párate sobre Ayalón"* (Josué 10:12). El Maestro usaba frecuentemente la oración imperativa: *"Calla, enmudece"* (Marcos 4:39 RV60), *"–Espíritu sordo y mudo –dijo–, te mando que salgas y que jamás vuelvas a entrar en él"* (Marcos 9:25), *"–¡Lázaro, sal fuera!"* (Juan 11:43). Los apóstoles de Jesucristo también aplicaron esta enseñanza: *"–No tengo plata ni oro –declaró Pedro–, pero lo que tengo te doy. En el nombre de Jesucristo de Nazaret, ¡levántate y anda!"* (Hechos 3:6), *"Eneas –le dijo Pedro–, Jesucristo te sana. Levántate y tiende tu cama. Y al instante se levantó"* (Hechos 9:34), *"Pedro hizo que todos salieran del cuarto; luego se puso de rodillas y oró. Volviéndose hacia la muerta, dijo: 'Tabita, levántate'"* (Hechos 9:40).

Cho enseña que los cristianos se han limitado a rogar. Pero, debemos concientizarnos de que somos reyes, y tenemos la autoridad en el nombre de Jesucristo, y podemos orar en forma imperativa.[6] Por tanto, la oración debe estar compuesta por dos elementos que se complementan entre sí: Uno es la petición y el otro, es la orden en forma imperativa.

4) La oración en unísono

Aquellos que han visitado la Iglesia del Evangelio Completo de Yoido unánimemente coinciden en que la oración en unísono ha sido uno de los factores más abrumadores. El sonido de la oración en unísono suena como las olas del océano, y crea un ambiente espiritual de gloria.

Existe un factor bastante peculiar en este modelo de oración, y es el hecho de invocar tres veces el nombre del Señor. Hay algunos que critican este modelo de oración, sin embargo, Jeremías 33:3 y otros versículos bíblicos recomiendan abiertamente este modelo de oración, al decir: *"Clama a mí y te responderé, y te daré a conocer cosas grandes y ocultas que tú no sabes"*. Hechos 4:24 dice que ellos alzaron unánimes la voz a Dios.

La costumbre de invocar el nombre del Señor tres veces, al dar inicio a la oración en unísono, tiene su fundamento bíblico en Daniel, capítulo 9: "*¡Señor, escúchanos! ¡Señor, perdónanos! ¡Señor, atiéndenos y actúa! Dios mío, haz honor a tu nombre y no tardes más; ¡tu nombre se invoca sobre tu ciudad y sobre tu pueblo!*" (Daniel 9:19). En síntesis, el hecho de invocar el nombre del Señor tres veces tiene una implicación teológica profunda; la primera invocación significa: Escucha nuestra oración, la segunda: Perdona nuestros pecados, y la tercera: Responde nuestra oración.

Usualmente, la oración en unísono es eficaz cuando toda la congregación ora por alguna petición en especial, tal como, la vida del pastor general, las actividades de la iglesia, la salvación de algún miembro de la familia, la sanidad divina para los enfermos, etc.

5) La oración del tabernáculo

La oración del tabernáculo es el modelo preferido del doctor Cho. Efectivamente, este modelo de oración es producto de la capacidad creativa. Este modelo consiste en visualizar cada detalle del tabernáculo, y relacionarlo con su significado espiritual.

El tabernáculo tiene cincuenta metros de largo, y veinticinco de ancho (Éxodo 27:9), y está constituido por el atrio exterior, el lugar santo, y el lugar santísimo.

El atrio exterior tiene dos elementos clave: El altar de sacrificio y el lavacro de bronce. Las medidas del lugar santo son: Quince metros de largo, cinco metros de ancho, y cinco metros de alto, y dentro del mismo se encuentran el candelabro de bronce, la mesa de los panes de proposición, y el altar de incienso. En el lugar santísimo, el cual estaba separado por un velo, había una porción del maná, la vara de Aarón que reverdeció y las tablas de la ley; todo esto en el arca de la alianza, sobre la cual había dos querubines encima.

1) El altar de sacrificio: La sangre de Jesucristo (Éxodo 27:1-8).

Lo primero que encontramos en el tabernáculo es el altar de sacrificio. El hombre no puede acercarse a Dios debido a su condición de pecado, por esta razón, los israelitas llevaban consigo un animal para ofrendar a cambio de la remisión de sus pecados; primeramente ponían sus manos sobre el animal, luego rociaban la sangre sobre el altar, y por último, lo quemaban. El fuego del altar debía ser de Dios (Levítico 9:24), y era exclusiva responsabilidad del sacerdote procurar que el fuego no se apagara en ningún momento (Levítico 6:12-13), con el fin de redimir el pecado del hombre. Pero Cristo pagó el precio necesario para librar al hombre de la esclavitud del pecado mediante la ofrenda de su cuerpo hecha una vez y para siempre, por tanto, tenemos libertad para entrar en el lugar santísimo por la sangre de Jesucristo (Hebreos 10:10, 19). El altar de sacrificio simboliza la sangre de Jesucristo. Por tanto, la oración del tabernáculo se inicia con acción de gracias y alabanza.

2) El lavacro de bronce: La redención del pecado (Éxodo 30:18-20)

El lavacro de bronce es el lugar donde los sacerdotes se lavaban las manos y los pies. El lavacro de bronce envuelve el arrepentimiento y la confesión de nuestros pecados. 1 Juan 1:9 dice: *"Si confesamos nuestros pecados, Dios, que es fiel y justo, nos los perdonará y nos limpiará de toda maldad"*.

3) El Candelabro de bronce: La presencia del Espíritu Santo (Éxodo 25:31-40)

Dejando atrás el atrio exterior, ahora ingresamos al lugar santo. El candelabro tiene siete brazos, uno en el medio, tres del lado izquierdo, y tres del lado derecho. El candelabro representa el Espíritu Santo. En otras palabras, el lugar santo solo puede ser iluminado por la luz del Espíritu Santo, y nunca por otro tipo de luz. Esto significa que la Palabra de Dios debe ser iluminada por la luz del Espíritu Santo.

4) La mesa de los panes de la proposición: El poder de la Palabra (Éxodo 25:23-30)

Sobre la mesa habían doce panes, según el número de las tribus de Israel. El pan debía ser renovado cada día de reposo, y solo el sacerdote podía comer el pan. El pan simboliza la Palabra de Dios. Nuestra vida debe basarse en la Palabra de Dios.

Cho sugiere cinco pasos para el estudio eficaz de la Biblia. Primero, escuchar la Palabra (Romanos 10:17), segundo, leer la Palabra (Deuteronomio 11:18-20), tercero, estudiar la Palabra (2 Timoteo 2:15), cuarto, memorizar la Palabra (Mateo 4:1-11), quinto, meditar la Palabra (Salmo 1:1-2).[7]

5) El altar del incienso: Acción de gracias y adoración (Éxodo 30:1-10)

El altar del incienso estaba ubicado justo al frente del velo que separaba el lugar santo del lugar santísimo. En el Antiguo Testamento, solo los sacerdotes podían prender el fuego del incienso, pero por medio de Jesucristo, todos los creyentes tienen la identidad del sacerdote, por ende, pueden acceder a la alabanza y la adoración.

6) El arca de la alianza: Jesucristo (Éxodo 25:10-22)

El arca estaba hecha de madera de acacia, y estaba cubierta de oro. El arca representa la presencia de nuestro Señor Jesucristo. Dentro del arca, se hallaban las tablas de la ley, la porción del maná, y la vara de Aarón que reverdeció, y es el prototipo de la palabra de Jesucristo, la proporción del alimento espiritual, y el poder de la resurrección.

7) El lugar santisimo: Encuentro con Dios (Hebreos 9:12)

La parte superior del arca de la alianza es conocida también como propiciatorio de oro fino, lugar donde el sumo sacerdote rociaba sangre para redimir el pecado de todo el pueblo. El propiciatorio de oro fino simboliza la gloria de Dios (Éxodo 25:17-22).

6) La oración en lenguas

La oración en lenguas es uno de los factores claves de la espiritualidad de Cho, quien afirma: "Oro mucho en lenguas, este modelo de oración ha sido un elemento muy positivo en mi vida devocional".[8]

Basado en un mensaje dominical, quiero hacer mención de los siete beneficios de la oración en lenguas, que Cho sostiene. Primero, es una evidencia clara de que uno ha recibido el bautismo del Espíritu Santo (Hechos 2:1-4; 8:4-24; 10:44-46; 19:1-7). Segundo, es el lenguaje secreto para comunicarse profundamente con Dios (1

Corintios 14:2, 14). Tercero, produce edificación personal (1 Corintios 14:4). Cuarto, nos liberta del cansancio del corazón (Isaías 28:11-12). Quinto, el Espíritu Santo intercede por nosotros con gemidos indecibles (Romanos 8:26). Sexto, la interpretación de lenguas edifica a la iglesia (1 Corintios 14:5). Séptimo, permite una oración prolongada y profunda (1 Corintios 14:15, 18).

5

Auto-liderazgo

Auto-liderazgo es la disciplina propia de un líder. Todo líder debe sobresalir en el manejo de sus recursos, ya que los mismos son limitados, mientras que la demanda es ilimitada. Un denominador común de los grandes líderes es la excelencia en su manejo del auto-liderazgo. Una de las características del liderazgo de Cho es el énfasis y la importancia que él mismo otorga al auto-liderazgo. Afirma que el líder de una iglesia creciente debe hacer todo el esfuerzo posible para su auto-disciplina.[1]

En este capítulo, quiero destacar seis áreas en las cuales el líder debe enfocar y desarrollar su auto-liderazgo.

1) Espiritualidad

La espiritualidad ocupa un lugar muy particular en el liderazgo de Cho. Mi observación es que la espiritualidad de Cho está ligada a su relación con el Espíritu Santo, y se evidencia en la teoría de la cuarta dimensión.

Él enfatiza que el hombre, debido a que es un ser espiritual, también habita en la cuarta dimensión, pero en un nivel inferior, por tanto, nuestro espíritu debe unirse con el Espíritu Santo para que la cuarta dimensión espiritual de Dios recree, regenere, renueve, y transforme la tercera dimensión física. Las cinco áreas de contacto de la espiritualidad de la cuarta dimensión son: Mentalidad, fe, visiones y sueños, lenguaje y oración.[2]

2) Intelecto

Una de las cualidades de la sociedad del siglo XXI es la globalización, y prácticamente toda clase de información está a nuestro alcance. Por tanto, el problema actual no es saber cómo (*know-how*), sino dónde (*know-where*).

El líder, por definición, es quien está a la cabeza de un grupo, por tanto, debe estar dispuesto a absorber la mayor cantidad de información posible para desarrollar un liderazgo más efectivo.

En cuanto al intelecto, entre otras cosas, Cho enfatiza dos elementos clave como requisito básico del líder del siglo XXI. El primero es el factor de la lectura constante de libros. "Nunca dejo de obtener material para mis sermones en todos los aspectos de la vida. He leído todos los libros que creo poder manejar según la guía de Dios... Me suscribo a buenas revistas semanales o mensuales, reconocidos internacionalmente como Reader's Digest (Selecciones), Time y Newsweek. Sobretodo, leo los libros más recientes de pastores mundialmente famosos para alimentar mi alma.[3]

Y el otro factor es el idioma extranjero, con énfasis en el idioma inglés. El pastor Cho predica en un inglés bastante fluido, pero también habla francés, japonés, alemán, entre otros idiomas.

3) Profesionalismo

Décadas atrás, se desconocía la categoría "iglecrecimiento" en la clasificación de libros cristianos, pero actualmente, aun en el área de iglecrecimiento se subdividen varias ramas como la plantación de iglesias y el sistema de los grupos celulares. Y este fenómeno ha estado presente en todas las áreas de nuestra sociedad contemporánea.

Cho hace énfasis en el tema del profesionalismo en el sentido que el predicador no puede suplir todas las necesidades de la gente, por tanto, debe ser un profesional en su especialidad. "Así como el médico tiene su especialidad, tal como es el caso de un ginecólogo, un pediatra, o un médico clínico, el predicador debe tener su especialidad.

En mi caso, he recibido por parte de Dios la misión de ser un predicador que brinde sueño y esperanza a la gente pobre".[4]

4) Sociabilidad

Un líder debe destacarse por su espiritualidad, pero nunca tiene que descuidar el área de la sociabilidad en su auto-liderazgo; es decir, la cualidad de ser sociable.

Descubro este área de liderazgo en Lucas 2:52, que dice: *"Jesús siguió creciendo en sabiduría y estatura, y cada vez más gozaba del favor de Dios y de toda la gente"*. Es decir, Jesús era una persona socialmente abierta, de hecho, su vida estuvo impregnada de las necesidades de la gente.

Una de las cualidades que causa admiración del auto-liderazgo del doctor Cho es la constante búsqueda de la unidad en el cuerpo de Cristo y, a pesar de tener una agenda repleta, nunca deja de atender a veinte personas por día en su oficina.

5) Salud física

La constitución de la OMS (Organización Mundial de Salud) define a la salud de la siguiente manera: "Salud es el estado físico, mental, y social de bienestar completo, y no la mera ausencia de una defunción o enfermedad".[5]

De hecho, la Bendición Triple enfatiza esta área de auto-liderazgo. 3 Juan v. 2 dice: *"Querido hermano, oro para que te vaya bien en todos tus asuntos y goces de buena salud, así como prosperas espiritualmente"*.

En una entrevista televisiva, el pastor Cho confesó que el secreto de su salud era el deporte, que consiste de 30-40 minutos diarios de actividad física. Según él el 30% de una vida sana depende de los genes de los padres, y el 70% del esfuerzo propio por llevar una vida saludable.[6] Muchos saben que uno de los deportes preferidos del pastor Cho es el golf.

Recuerde esta frase: Si has perdido dinero, has perdido poco; si has perdido dignidad, has perdido mucho, pero si has perdido salud, has perdido todo.

6) Cosmovisión

Según la vigésima segunda edición del diccionario de la Real Académica española, la palabra *cosmovisión* significa: "Manera de ver e interpretar el mundo". No obstante, mi intención es reinterpretar este término desde el punto de vista de la etimología.

El prefijo *cosmos* viene de una palabra griega que se encuentra en Juan 3:16, que dice: *"Porque de tal manera amó Dios al (cosmos)"*. Y la palabra *visión* implica acción y efecto de ver. Si unimos estos dos conceptos, obtendremos el siguiente significado: Visión de alcance mundial.

He puesto esta área en la última parte del capítulo, porque considero que la cosmovisión, en el sentido literal de la palabra, es la corona del auto-liderazgo, ya que auto-liderazgo, por definición de la palabra liderazgo, jamás puede encerrarse en una persona.

La magnitud del liderazgo de Cho tiene todas las características de la cosmovisión, en su sentido literal, o visión de alcance mundial, cosmopolita, si el lector desea evitar cualquier reinterpretación. Las trescientas cruzadas en doscientos cincuenta ciudades en setenta naciones, que equivalen a ochenta y cinco vueltas del orbe, las setecientas cuarenta y siete iglesias anexas en cincuenta y seis países que conforman una suma de setenta y ocho mil miembros, la página de Internet de *Full Gospel Television*, los doscientos sesenta y cuatro libros escritos en idioma coreano, cuarenta libros publicados en idioma inglés, y más de veinte traducidos al español, son apenas algunos de los reflejos de la esfera que abarca el liderazgo de David Yonggi Cho.

Ha sido galardonado por la medalla *"The family of Man"*, en su reconocimiento por el evangelismo mundial, que otorga la asociación de iglesias de la ciudad de New York a los más destacados líderes. A lo largo de la historia, este honorario ha sido entregado a líderes políticos y económicos como Kennedy (1963), Eisenhower (1964),

Rockefeller (1968), Nixon (1969), Ford (1975) y Jimmy Carter (1977). Para conmemorar este día histórico, la ciudad de New York (Brooklyn y Bronx) proclamó el día 17 y 18 de mayo como "el Día del Rev. Dr. David Yonggi Cho".

Parte **2**
Liderazgo y crecimiento de la Iglesia

2

Liderazgo y la unión de la iglesia

- Seis principios del crecimiento de la iglesia
- El sistema celular
- Mensaje de esperanza

6

Seis principios de crecimiento de la Iglesia

E l crecimiento de la Iglesia tiene mucho que ver con el liderazgo, ya que el iglecrecimiento es producto del liderazgo. Cho enseña que cuando el liderazgo de un ministro cambia a un estilo de iglecrecimiento, los miembros de la congregación también son transformados a un estilo de iglecrecimiento. Por tanto, el liderazgo es la llave del iglecrecimiento.[1]

Jesse Miranda define que el crecimiento de la Iglesia es la ciencia que investiga la implementación, multiplicación, funcionamiento y la salud de las iglesias cristianas especialmente en lo que se relaciona con la implementación de la Gran Comisión, el desafío de hacer discípulos a todas las naciones.

El crecimiento de la Iglesia es un área de teología práctica que se ha originado con el doctor McGavran, quien sostuvo que la prioridad de la misión estaba en el crecimiento de la Iglesia. Más tarde, el iglecrecimiento fue profundizado por reconocidos líderes como Win Arn, Eddie Gibbs, Lyle Schaller, Elmer Towns, Tom Rainer, pero especialmente, el profesor Peter Wagner, en el aspecto académico. No obstante, el doctor David Yonggi Cho es quien lo ha implementado, convirtiéndose en lo que se suele llamar: "El señor iglecrecimiento".

Básicamente, existen cuatro clases de iglecrecimiento:
1) Crecimiento personal (Hechos 2:42, 44-46),
2) Crecimiento expansivo (Hechos 5:14; 16:5),
3) Crecimiento extensivo,
4) Crecimiento por puentes.

No obstante, a través de sus libros, Cho ha presentado un mar de principios espirituales, más que académicos sobre este tema. Por ejemplo, en su libro *Secretos del crecimiento de la Iglesia*, Cho sintetiza tres elementos clave: Actitud, establecimiento de metas, visiones y sueños.[2] Sin embargo, un cuidadoso y sistemático análisis de sus libros y conferencias nos lleva a simplificar los secretos de iglecrecimiento en seis principios:

1) Mentalidad

La primera actitud consiste en tener una mentalidad de iglecrecimiento. La mentalidad es sinónimo de pensamiento, por tanto, una pregunta crucial e inevitable es: ¿Qué actitud mental guardamos en cuanto al iglecrecimiento? Este interrogante es importante porque el iglecrecimiento comienza en nuestra mente, es decir, la iglesia nace en el corazón del visionario. Recuerde las palabras motivadoras de Samuel Smiles: "Siembra un pensamiento y cosecharás una acción; siembra una acción y cosecharás un hábito; siembra un hábito y cosecharás un carácter; siembra un carácter y cosecharás un destino".

Cho remarca las palabras motivadoras de McGavran, quien dijo: "El iglecrecimiento ocurre solo a aquellos ministros quienes desean y creen en el iglecrecimiento".[3]

La mentalidad ocupa un lugar bastante particular en el liderazgo espiritual de Cho. No obstante, para él, la mentalidad positiva basada en Filipenses 4:13, Efesios 3:20 y Marcos 9:23 se relaciona particularmente con el crecimiento de Iglesia.[4] Es decir, el pastor nunca debe dejar de pensar en el iglecrecimiento, porque como bien lo afirma Bill Hybels, la iglesia visible es producto de la Iglesia invisible.

2) Visiones y sueños

Visiones y sueños es una de las enseñanzas más populares del doctor Cho, que se sintetiza en las siguientes frase: "La visualización viene antes de la posesión". César Castellanos dijo: "Las multitudes no están fuera, sino dentro de uno mismo". Por tanto, el pastor debe soñar con el crecimiento de su iglesia, porque las visiones y los sueños son el lenguaje del Espíritu Santo. George Barna dijo: "La visión es una clara imagen mental de un futuro mejor, impartida por Dios a sus siervos escogidos, y basada en una comprensión correcta de Dios, de uno mismo y de las circunstancias".[5] Hellen Keller, ante la pregunta: "¿Qué sería peor que nacer ciego?" respondió: "Tener vista y carecer de visión".

Cho enseña que las visiones y los sueños producen tres actitudes en nuestras vidas. Primero, entusiasmo; segundo, ideas creativas; y tercero, transformación, las cuales resultan en iglecrecimiento.[6] Recuerde, un ministro debe pastorear dos iglesias a la vez; la iglesia actual y la iglesia del futuro, aquella que se encuentra en nuestro corazón en forma de visiones y sueños.

3) Oración ferviente

La oración debe ocupar un lugar muy particular en la vida del pastor que anhele el iglecrecimiento. Cho sostiene que una de las razones del crecimiento de su iglesia ha sido la oración. "Sobretodo, consagro mi vida en oración cuando ministro. Mi mayor interés como pastor general de esta enorme iglesia es la relación entre Dios y yo mismo".[7]

El doctor Cho exhorta a orar un mínimo de una hora diaria, y para esto presenta varios modelos de oración, como el modelo del tabernáculo, que ayuda a tener una profunda comunión con Dios.

4) Comunión con el Espíritu Santo

La Biblia dice: *"No será por la fuerza ni por ningún poder, sino por mi Espíritu dice el Señor Todopoderoso"* (Zacarías 4:6). El ministro debe anhelar el crecimiento de su iglesia debe tener una íntima comunión con el Espíritu Santo, puesto que el Espíritu Santo es el Señor de la cosecha. Según Cho, la comunión con el Espíritu Santo se disciplina a través de la oración,[8] y se desarrolla en tres niveles: Comunión, asociación y unidad.[9]

5) Esperanza

La auto-definición de Cho en cuanto a su filosofía pastoral es la siguiente: "Mi teología es teología de esperanza".[10] Y continúa diciendo que el madero de la cruz es el signo de positivo, por tanto, el hombre concibe esperanza cuando observa la cruz del Calvario. Joel Osteen, uno de los más exitosos pastores en los Estados Unidos, define que la esperanza y el aliento son la fuente prima de sus mensajes. En otras palabras, la esperanza parece ser la clave de pastores exitosos.

De hecho, el Evangelio Quíntuple y la Bendición Triple transmite esperanza a la gente, porque este mensaje les ayuda a descubrir una nueva identidad en Cristo, a tal punto que puede decir: "Soy una persona redimida, soy una persona llena del Espíritu Santo, soy una persona sana, soy una persona bendecida con la bendición de Abraham".[11]

De hecho, Jesús transmitió esperanza a la gente. *"El Espíritu del Señor está sobre mí, porque me ha ungido para anunciar buenas nuevas a los pobres. Me ha enviado para proclamar libertad a los presos y dar vista a los ciegos, para poner en libertad a los oprimidos, para proclamar el año del favor del Señor "* (Lucas 4:18-19).

El tema de la esperanza se relaciona íntimamente con los mensajes de Cho, por tanto, es mi intención apartar un capítulo para tratar este tema con mayor profundidad.

6) Sistema celular

El sistema celular es sumamente importante, porque es a través de las células que el liderazgo se hace más efectivo.

Una célula es la unidad básica de una iglesia, que está compuesta por no más de doce familias. Una célula tiene un plan y un propósito claro, tiene una estructura de liderazgo definido mediante la disciplina, y está compuesta por miembros de un trasfondo similar.[12] Billy Graham enfatiza la importancia de los grupos pequeños, al decir: "Yo creo que una de las primeras cosas que haría sería rodearme de un grupo de personas, diez o doce, que se reúnan varias horas por semana y que paguen el precio. En un período de varios años yo compartiría con ellos todo lo que tengo. Así entonces tendría doce ministros de entre los laicos, que a su vez tomasen ocho o diez o doce o más y les enseñasen.[13]

El sistema celular de la Iglesia del Evangelio Completo de Yoido es el modelo de Jetro, conocido también como el modelo 5x5. En Latinoamérica, las iglesias más crecientes son las iglesias celulares, y un gran número de iglesias han adoptado el modelo del G-12. Mi observación es que esto sucede porque, a diferencia del modelo de los doce, el modelo de Jetro nunca ha sido presentado en forma sistemática.

No obstante, aunque varíen en su filosofía o el énfasis de algún aspecto, tanto el modelo de Jetro como el G-12 tienen un mismo fundamento teológico: La visión de la iglesia celular. De hecho, César Castellanos, fundador del G-12, ha adoptado muchos aspectos del modelo celular del doctor Cho, y lo ha contextualizado a su cultura y congregación. Por tanto, no es ninguna exageración afirmar que la raíz de la iglesia celular contemporánea es la Iglesia del Evangelio Completo de Yoido que pastorea el doctor Cho. Joel Comiskey, uno de los eruditos más destacados en el área de las iglesias celulares, comenta: "Tenemos que reconocer que el movimiento moderno de las células ha comenzado en la Iglesia del Evangelio Completo de Yoido... He estado estudiando el modelo puro de las células durante estos últimos cinco años. Y he llegado a la conclusión de que la Iglesia del Evangelio Completo de Yoido es la madre de casi todas las otras iglesias celulares de todo el mundo. Aunque otras iglesias han perfeccionado su ministerio celular, la fórmula original ha nacido ahí mismo".[14]

Uno de los comentarios más populares de Cho en cuanto a la enseñanza sobre la importancia de los grupos celulares es el siguiente: "Mi iglesia es la iglesia más grande del mundo, pero a su vez la más pequeña del mundo". Pero quiero invitar a mis lectores a abrir las páginas del siguiente capítulo, porque ahí ampliaré este tema.

7

El sistema celular

Según Cho, existen dos tipos de liderazgo: El liderazgo centralizado, que es el método mundano y tradicional, y el liderazgo delegado, que es el fundamento de la iglesia celular.[1]

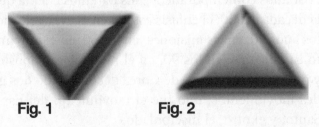

Fig. 1   **Fig. 2**

Como podemos observar en la gráfica, la figura 1 nos indica la centralización de toda la autoridad en una sola persona, es decir, toda la carga del ministerio recae sobre el pastor general. Por el contrario, la figura 2 nos muestra como toda la carga es delegada a cada pieza que compone el triángulo. Mientras que la figura 1 nos da la imagen de algo tenso, inestable, impreciso, inseguro y precario, la figura 2 se relaciona con la estabilidad, la solidez, y la seguridad.

En conceptos generales, el liderazgo de las iglesias tradicionales es centralizado, y esto implica que el organismo depende de una sola persona, como puede ser el pastor general, o el de un grupo reducido, como es el caso de la junta de ancianos. Según expertos en el tema, un pastor no puede liderar a más de quinientas personas. En cambio, las iglesias celulares se destacan por su crecimiento ilimitado. Con respecto al sistema celular y el liderazgo de Cho, Peter Wagner comenta: "Yonggi Cho nos ha demostrado que una iglesia local puede crecer a una congregación de casi un millón de miembros",[2] y la clave es el sistema celular.

Mi observación es que el éxito de la implementación de los grupos celulares en el liderazgo de la Iglesia reside en la integridad de la disciplina y la capacitación de líderes. Si estudiamos la historia de los movimientos cristianos contemporáneos, nos daremos cuenta que en la década del 60, el énfasis estuvo en el evangelismo, en los años 70, en las misiones, en los 80, en el movimiento carismático, en los 90, en el movimiento apostólico y profético. En el caso de Corea del Sur, hubo dos grandes movimientos; uno fue el movimiento del Espíritu Santo, y el otro, el discipulado.

Si tomamos tan solo una fracción de estos movimientos, y nos reducimos a pensar en el evangelismo, no tardaremos en descubrir que, entre otros, el modelo de las cuatro leyes espirituales y el evangelismo explosivo creado por James Kennedy han causado un gran impacto a nivel mundial, y ha despertado a muchos creyentes a salir a las calles a evangelizar. No obstante, mi observación es que evangelismo es apenas un peldaño de la vida cristiana. En otras palabras, el sobre-énfasis sobre un tema específico puede causar una vida cristiana que carece de integridad.

El mayor mérito del sistema celular es la integridad, porque una célula es considerada como una iglesia pequeña, aunque dependiente porque pertenece a la congregación y sigue la visión de la iglesia, y en una célula son llevadas a cabo prácticamente todas las actividades de la congregación.[3] Es decir, el evangelismo, la consolidación de nuevos convertidos, el discipulado, el estudio bíblico, la oración, la comunión, el servicio comunitario, y un sin número de actividades son desarrolladas en una célula. Por esta misma razón, me animo a decir que el sistema celular es la estrategia más completa en el crecimiento de la Iglesia.

Delegación de autoridades ministeriales

El modelo del sistema celular de la iglesia más grande del mundo es conocido como el modelo de Jetro o el 5x5, y tiene su fundamento bíblico en Éxodo, capítulo 18:13-22. *"Al día siguiente, Moisés ocupó su lugar como juez del pueblo, y los israelitas estuvieron de pie ante Moisés desde la mañana hasta la noche.*

Cuando su suegro vio cómo procedía Moisés con el pueblo, le dijo:¡Pero qué es lo que haces con esta gente! ¿Cómo es que sólo tú te sientas, mientras todo este pueblo se queda de pie ante ti desde la mañana hasta la noche?

Es que el pueblo viene a verme para consultar a Dios le contestó Moisés. Cuando tienen algún problema, me lo traen a mí para que yo dicte sentencia entre las dos partes. Además, les doy a conocer las leyes y las enseñanzas de Dios.

No está bien lo que estás haciendo le respondió su suegro, pues te cansas tú y se cansa la gente que te acompaña. <u>La tarea es demasiado pesada para ti; no la puedes desempeñar tú solo</u>.

Oye bien el consejo que voy a darte, y que Dios te ayude. Tú debes representar al pueblo ante Dios y presentarle los problemas que ellos tienen. A ellos los debes instruir en las leyes y en las enseñanzas de Dios, y darles a conocer la conducta que deben llevar y las obligaciones que deben cumplir. Elige tú mismo entre el pueblo hombres capaces y temerosos de Dios, que amen la verdad y aborrezcan las ganancias mal habidas, y desígnalos jefes de mil, de cien, de cincuenta y de diez personas. Serán ellos los que funjan como jueces de tiempo completo, atendiendo los casos sencillos, y los casos difíciles te los traerán a ti. <u>Eso te aligerará la carga, porque te ayudarán a llevarla</u>". (Énfasis mío).

Mientras el pastor Cho estaba sufriendo de un desgaste físico, Dios lo guió también a meditar en Efesios 4:11 y Hechos 2:46-47, lo que dio a luz a los primeros líderes de grupos celulares.[4] De esta manera, nació el sistema celular de la Iglesia moderna.

Supervisión de grupos celulares

Según datos oficiales de CGI (*Church Growth International*) del 2005, la Iglesia del Evangelio Completo de Yoido tiene 16 pastores de distrito, 353 pastores de sub-distrito, 7.220 líderes de zona, y 19.515 líderes de grupos celulares. Donald McGavran tenía razón al decir: "La iglesia de Cho es la iglesia mejor organizada del mundo", porque al observar estos números, la pregunta que se cruza en nuestra mente es: ¿Cómo se supervisa a tanta gente?

El modelo 5x5 es simple: 5 grupos celulares forman 1 zona, 5 zonas forman 1 sub-distrito, y 5 sub-distritos forman 1 distrito. Relacionado con el relato de Jetro, el jefe de diez es el líder de célula, el jefe de cincuenta, el líder de zona, el jefe de centenas, el pastor de sub-distrito, y el jefe de millares, el pastor de distrito o pastor general, dependiendo del número de la congregación.

No obstante, un cuidadoso estudio nos lleva a saber que el sistema 5x5 no es tan estructurado como algunos piensan. Según las investigaciones de Joel Comiskey, en la Iglesia del Evangelio Completo de Yoido, un distrito está formado por 20-23 sub-distritos, un sub-distrito, por 10-15 zonas, una zona, por 5-15 células, una célula, por 5-10 familias.[5]

Permítame aclarar lo siguiente: Los términos aquí mencionados son términos técnicos, por tanto, no deben ser alterados de ninguna manera. He observado que algunos editores y traductores han escogido otros términos, pero esto ha causado una confusión grande. Por ejemplo, muchos confunden el concepto de zona y sub-distrito, y enseñan que el sub-distrito es dirigido por un pastor de zona, lo cual es incorrecto. Un sub-distrito nunca es liderado por un laico, sino por un pastor, por tanto, no puede haber un término llamado "pastor de zona", sino "líder de zona", pues la zona es liderada por laicos.

En síntesis, un grupo celular es dirigido por un líder de célula, mientras que una zona es supervisada por un líder de zona, es decir, un líder laico. Sin embargo, cuando se arriba a nivel de sub-distrito, el líder ya deja de ser un laico, y pasa a ser un pastor (por este motivo algunas ediciones y traducciones se confunden al utilizar el término "pastor de zona"), y el distrito es dirigido por un pastor con mucha experiencia ministerial.

Célula (líder laico)	**de 2 a 12 personas**
Zona (líder laico)	**5 células**
Sub-distrito (pastor)	**5 zonas**
Distrito (pastor)	**5 sub-distritos**

Programa de consolidación para nuevos convertidos

Antes de ser incorporado en una célula, el nuevo convertido debe cursar un programa de consolidación llamado 3.3.5. El modelo 3.3.5 consiste en educar, consolidar y transmitir la teología ministerial de la iglesia.

Básicamente, este modelo de consolidación consiste en 3 semanas de educación básica, 3 semanas de educación complementaria, y 5 semanas de consolidación personal, donde el líder de célula ministra al nuevo convertido en forma personal. Una vez finalizadas las 11 semanas, se realiza una reunión de oración para recibir el bautismo y la llenura del Espíritu Santo, y de esta manera se concluye el ciclo de 12 semanas de consolidación.

Los temas que se tratan durante este período de consolidación son:[6]

1)¿Quién es Dios?
Dios es bueno
Jesucristo el Salvador
El Espíritu Santo
El Dios trino

2) El pecado del hombre
El origen del hombre
La caída del hombre
La universalidad del pecado

3) ¿Por qué necesitamos la salvación?
El significado de la salvación
El camino a la salvación
El resultado de la salvación

4) El Evangelio Quíntuple y la Bendición Triple
Los siete pilares del Evangelio Completo
El Evangelio Quíntuple
La Bendición Triple

5) Entendiendo la Biblia
¿Qué es la Biblia?

La unicidad de la Biblia
Los componentes de la Biblia
El propósito de la lectura bíblica

6) ¿Por qué debemos orar?

¿Qué es la oración?
Actitudes en oración
El Padre Nuestro

7) La ética cristiana

Los Diez Mandamientos
El nuevo mandamiento
El fruto del Espíritu Santo

8) La Iglesia

La importancia de la Iglesia
El nacimiento de la Iglesia
Los cuatro roles de la Iglesia
El bautismo en agua y la comunión

Note que a partir del momento en que el nuevo convertido confiesa la oración del penitente, automáticamente ingresa a la escuela de consolidación.

Es sumamente interesante la relación del líder de célula con el nuevo convertido. La Iglesia del Evangelio Completo de Yoido aconseja a los líderes de célula brindar a los nuevos convertidos una atención personalizada durante doce meses.

¿En qué consiste la atención personalizada? Sencillamente, se trata de orientar al recién convertido sobre todos los aspectos relacionados con la actividad de la iglesia. La función del líder de célula también es motivar al nuevo a participar en todos los cultos, y acompañarlo a las vigilias y a la montaña de oración. De esta manera, el líder de célula se convierte en un verdadero mentor del nuevo cristiano.

Una vez finalizadas las doce semanas de consolidación, el nuevo miembro activo está destinado a ingresar en la escuela de enseñanza bíblica, donde básicamente, aprenderá la Biblia libro por libro.

Luego de la escuela bíblica es posible acceder a lo que se denomina universidad de enseñanza bíblica. En este proceso de aprendizaje, el miembro estudia una serie de cinco libros, donde se tratan intensamente los siguientes temas:[7]

1) Dios
2) Jesús
3) Espíritu Santo
4) El hombre
5) El trasfondo de la Biblia
6) Tipología
7) Eclesiología
8) El mundo espiritual
9) Escatología
10) Sectas y otras religiones
11) Historia de la Iglesia
12) Ética cristiana

Luego de la universidad de enseñanza bíblica, el miembro puede seguir capacitándose en el postgrado de enseñanza bíblica, donde el currículum es más complejo y versátil. Pero, mientras tanto, la consolidación y la disciplina continúa en la célula en donde participa.

Reunión de un grupo celular

Cho aconseja evitar la comida pesada, pero sí tomar algunas galletas y bebidas, ya que esto es parte de la comunión.[8] Nunca se debe sobrepasar el límite de sesenta minutos.[9]

Preparación del corazón para la reunión celular

Alabanza	Oración silenciosa (opcional) 6 min.
	Oración (dirigida por un miembro)
	El Credo de los Apóstoles
	Alabanza y adoración
Estudio bíblico	Mensaje de hoy 45 min.
	Oración por las necesidades individuales
Ofrenda	Recolección de la ofrenda 3 min.
	Oración por la ofrenda
Comunión	Presentación de nuevos miembros 3 min.
Clausura	Alabanza 3 min.
	El Padre Nuestro

Los cinco propósitos de un grupo celular

1) Adoración

La adoración debe ser el principal motivo de una reunión celular. Si bien la comunión entre hermanos es importante, debemos evitar que la comunión ocupe un lugar más trascendental que la adoración. La postura de Cho en cuanto a este propósito es radical. "Dios no aprueba una reunión celular que carezca de adoración".[10]

2) Palabra de Dios

Mientras atraviesa por un proceso de consolidación a través del modelo 3.3.5, y de capacitación a través de la escuela de enseñanza bíblica, el nuevo convertido también tiene la oportunidad de aprender la Palabra de Dios en las reuniones celulares. En la Iglesia del Evangelio Completo de Yoido, existen catorce libros para las reuniones celulares, y cada serie ocupa un período de tiempo de seis meses, lo que resulta en un círculo de enseñanza bíblica de siete años. Según Lee Young Hoon, esta serie de catorce libros equivalen a cuatro lecturas completas de todos los libros de la Biblia.[11]

3) Comunión

Según las estadísticas, aproximadamente de quince a veinte mil personas cursan el proceso de consolidación cada año.[12] Esto se realiza por medio de una atención personalizada por parte del líder de célula, y un fuerte espíritu de unidad entre los integrantes del grupo celular.

4) Oración

La oración ocupa un lugar muy prominente en la vida de la iglesia que pastorea el doctor Cho. En cada reunión celular, los integrantes apartan un tiempo especial para compartir sus peticiones, e interceder fervientemente por la iglesia y por las necesidades de los coparticipantes de la célula.

5) Evangelismo

El pastor Cho sostiene que es a través de las células que se realiza un evangelismo eficaz. Y dice: "Los miembros de la Iglesia del Evangelio Completo de Yoido son hombres y mujeres de pasión, porque experimentan el avivamiento los 365 días del año. De hecho, comenzando desde el día domingo, todos los días son días de culto".[13]

8

Mensaje de esperanza

Cho enfatiza que la predicación es una de las claves más importantes de un ministerio exitoso. Sostiene que no es ninguna exageración afirmar que el iglecrecimiento depende del mensaje del pastor.[1] Y continúa diciendo: "Si bien el sistema celular es importante, las células no pasan de ser un recurso en el área de iglecrecimiento, lo más importante es el mensaje del pastor".[2]

James D. Crane dijo: "La predicación es la comunicación divina de la Palabra de Dios a través de la personalidad humana con el fin de persuadir". Y enfocando en la palabra "persuasión", en uno de sus más recientes libros, el reverendo Cho confiesa que hubieron dos énfasis en sus prédicas: El mensaje de esperanza, el que se caracteriza por no condenar a la gente, y el mensaje de fe, que motiva y ayuda a concebir visiones y sueños.[3] En pocas palabras, esperanza y fe son las dos palabras claves que sintetizan la comprensión de la homilética de Cho.

Sin embargo, un cuidadoso estudio de sus prédicas me llevó a concluir en las siguientes diez características que se destacan en sus sermones, los cuales se basan en su teología: El Evangelio Quíntuple y la Bendición Triple.

1) Autoridad de la palabra

La autoridad de la palabra es una observación bastante personal con respecto a los sermones del doctor Cho. Y encuentro el fundamento bíblico en el pasaje de Mateo 7:28-29, que dice: *"Cuando Jesús terminó de decir estas cosas, las multitudes se asombraban de su enseñanza, porque les enseñaba como quien tenía autoridad, y no como los maestros de la ley"*. En otras palabras, era la misma enseñanza basada en la Palabra de Dios, sin embargo, las enseñanzas de Jesús se distinguían a las de los fariseos y escribas en el nivel de autoridad, porque Jesús era La Palabra (Juan 1:1).

La autoridad de la palabra está relacionada con el liderazgo carismático del doctor Cho. Sin embargo, mi observación es que existen tres elementos que respaldan la autoridad de los sermones de Cho: La palabra *rhema*, el mensaje basado en la experiencia, y la fuerte convicción.

1) La palabra rhema

Logos y *rhema* son los dos términos usados en la Biblia para referirse a la palabra. *Logos* es la palabra escrita, mientras que *rhema* es la palabra proclamada. Romanos 10:17 dice: *"Así que la fe viene como resultado de oír el mensaje, y el mensaje que se oye es el <u>rhema</u> de Cristo"*.

En otras palabras, *rhema* tiene que ver con una persona específica, una situación específica y una palabra específica. Cho explica que no es el conocimiento, es decir, el *logos* el que transforma vidas, sino que es la palabra *rhema*, y por esta misma razón, él dice: "Yo preparo mis sermones basado en la palabra *rhema*".[4] Pero no está de más remarcar que la base de la palabra *rhema* es la palabra escrita, es decir, el *logos*. Por tanto, es responsabilidad del predicador oír, leer, estudiar, memorizar y meditar la Biblia.

2) Mensaje basado en la experiencia

Teológicamente hablando, la experiencia es un tema que ha estado marginado durante décadas; sin embargo, con el movimiento del pentecostalismo la experiencia ha ganado cierto respeto, pero todavía hay quienes la subestiman. Pero recuerde lo que dijo D. L. Moody: "Solo con la Palabra no alcanza, se necesita de la experiencia".

El doctor Cho hace mucho énfasis en la experiencia, pero el énfasis no está en una mera experiencia espiritual, sino en experimentar el

Espíritu Santo y hablar en lenguas. Y recalca esta verdad. "No hay una fe superior que una fe basada en la experiencia. Hay quienes dicen creer en la Palabra de Dios y no en la experiencia. Pero recuerde, el hecho de decir que uno está afirmado sobre la Palabra implica tener experiencia".[5]

3) Fuerte convicción

Una de las cualidades más destacadas en los sermones del doctor Cho es la fuerte convicción. La fuerte convicción viene por la fe absoluta en la Biblia como Palabra de Dios. Pero deseo hacer un breve paréntesis, y ampliar este tema luego.

2) Comunión con el Espíritu Santo

Su homilética es muy clara: "El predicador no es el que crea el mensaje, sino el que lo transmite".[6] Hemos dicho que el mensaje de Cho está basado en la experiencia del bautismo del Espíritu Santo, por tanto, el Espíritu Santo ocupa un lugar muy importante en sus sermones.

Cuando el joven Cho y la pastora Choi Ja Sil (quien sería luego su suegra) eran estudiantes del seminario de las Asambleas de Dios en Seúl, salían a las plazas a predicar el Evangelio. Pero grande fue el asombro del joven Cho cuando observó que la gente se mantenía silenciosa al oír la prédica de su futura suegra, y mucha la frustración cuando percató que murmuraba y no ponía atención cuando él predicaba.

Esta experiencia llevó a ambos a una conversación profunda, y las siguientes palabras marcaron la vida de este joven seminarista: "Tú predicas con la cabeza, mientras que yo predico con el corazón. Necesitas ser persistente en la oración y en la comunión con el Espíritu Santo".

Nunca está de más remarcar la comunión con el Espíritu Santo en el liderazgo de Cho, sin embargo, estoy persuadido de que ocupa un lugar aun más peculiar en la homilética de sus mensajes.

3) Biblio-centrismo

Otra de las cualidades de los sermones del pastor Cho es el biblio-centrismo. De hecho, el Evangelio Quíntuple y la Bendición Triple es el núcleo del mensaje que transmite la Biblia.

Desde mi perspectiva, los mensajes del doctor Cho se caracterizan por ser sermones temáticos, si es que damos por sobre entendido que existen tres tipos principales de sermones bíblicos: Temático, textual y expositivo. No obstante, el pastor Cho nunca deja de brindar un versículo bíblico, luego de decir una proposición,[7] y siempre aclara el libro, el número del capítulo y el versículo.

El doctor Cho hace uso de veinticinco a treinta pasajes bíblicos en cada uno de sus sermones, y esto crea un ambiente de seguridad y convicción, ya que no hay lugar para la duda o la incertidumbre al oír sus prédicas, puesto que se basa en la Palabra de Dios.

4) Cristo-centrismo

Cristo-centrismo es sinónimo de Evangelio. En sus mensajes nunca está ausente la persona de Jesucristo. Es decir, el evangelio es predicado siempre. El llamado al altar tampoco es un factor que puede estar ausente.

El oyente siempre podrá encontrar dos factores claves en los mensajes de Cho: La caída de Adán y Eva, la que produjo las tres calamidades (muerte espiritual, maldición de las circunstancias, enfermedad), y la redención de Cristo, por la que obtenemos la Bendición Triple. Por tanto, mi hipótesis es que la sangre de Cristo es el factor clave de los sermones de Cho.

El decir Cristo-centrismo también tiene que ver con lo opuesto a la ética y moral, si bien la Biblia incluye estos temas, también está relacionado con la teología conservadora, y no con la teología liberal. Creo que las siguientes palabras de Cho destacan mejor esta cualidad: "En la sociedad moderna, abunda el ateísmo, el modernismo, la alta crítica de la teología liberal, el misticismo, y las sectas heréticas. En medio de esta vorágine, en caso de que no tengamos fe en Jesucristo –el Camino, la Verdad y la Vida– y convicción en la salvación por medio de Él, jamás podremos predicar un sermón con éxito".[8]

5) Sistematización

Según Cho, la sistematización de un sermón es sumamente importante, por tanto, la estructura del sermón debe estar dividida en tres partes: Introducción, desarrollo y conclusión.

La introducción, es como la entrada de una comida, por tanto, nunca debe sobrepasar el límite de cinco minutos.[9]

El desarrollo es la parte principal del sermón. El predicador debe dar un sabor profundo y significativo. Según Cho, es recomendable sub-dividir el desarrollo en tres o cuatro partes.[10] Mi observación es que el mayor mérito de la sistematización reside en la claridad del mensaje.

Lo más importante que el predicador debe tener en cuenta en la conclusión, afirma Cho, es la simplicidad, por tanto, es en esta parte donde el predicador debe recapitular todo el mensaje, y brindar la aplicación.[11]

La sistematización es una característica bastante peculiar de los mensajes de Cho. Él enseña que la sistematización hace que el sermón se transmita lógica y razonablemente.[12] Otra clave es el control del factor tiempo. Aconseja que el sermón debe ser de treinta a cuarenta minutos.[13] La sistematización hace que todos estos elementos se lleven a cabo en orden.

6) Pertinencia

Cho enfatiza esta característica, diciendo: "Si se trata de un evangelio que no puede suplir las necesidades de la gente, el mismo sería un adorno. No se debe mantener la indiferencia a las necesidades básicas, ya que esto se relaciona directamente con la vida cotidiana. Por tanto, si no hay pertinencia con la vida cotidiana, el sermón no pasa de ser un viento que golpea el aire".[14]

Luego de haberse dado cuenta que el Evangelio debe ser pertinente a la vida cotidiana, Cho comenzó a leer la Biblia desde otro punto de vista, y descubrió a un Jesús que perdonaba los pecados (Juan 8:1-11), sanaba a los enfermos (Mateo 9:1-8), daba de comer a los que tenían hambre (Marcos 6:30-44), y vida a los muertos (Juan 11:43-44). De ahí nació la filosofía pastoral de Cho, que se simplifica en la teología del Evangelio Quíntuple y la Bendición Triple, que desarrollaré más adelante.

7) Comunicación eficaz

Peter Wagner exalta este punto como una de las claves del liderazgo de Cho, al decir: "La fuerza del reverendo Yonggi Cho es la habilidad de comunicación. El pastor Cho tiene una excelente capacidad de comunicación".[15]

Mi observación es que la comunicación eficaz de Cho se debe a cuatro aspectos: Claridad, contraste, palabras simples, y oraciones cortas.

1) Claridad

Tiene que ver con la simplicidad del mensaje. Cho enfatiza seis factores: Primero, biblio-centrismo, es decir, el mensaje debe estar basado en un texto de la Biblia. Segundo, unicidad, si bien el desarrollo está sub-dividido en tres o cuatro partes, el núcleo del mensaje debe ser uno solo. Tercero, estructura simple, debe caracterizarse por la popularidad. Cuarto, orden; tanto las divisiones como las sub-divisiones deben entre relacionarse fácilmente. Quinto, equilibrio, ninguna sub-división debe tener más peso que otras. Sexto, progreso, en otras palabras, la intención del predicador debe ir progresando a medida que el sermón llega a su conclusión a fin de obtener el consentimiento de los oyentes.[16]

2) Contraste

Expresiones como "Dios transforma la muerte en vida, las tinieblas en luz, la desesperanza en esperanza, la frustración en sueños" son excelentes ejemplos del uso del contraste. Según Cho, el uso del contraste añade convicción y valor a las palabras, y motiva a la gente a superar sus circunstancias.[17]

3) Palabras simples

Una de las cualidades más sobresalientes de sus mensajes son la simplicidad, sobretodo en el uso del vocabulario, es decir, en la selección de palabras. "He intentado transmitir un mensaje simple a tal punto que un estudiante preescolar pueda entenderlo... Recuerde esto: el mensaje es eficaz siempre y cuando sea entendido".[18] Y me gustaría añadir: "Simplicidad no es antónimo de profundidad".

4) Oraciones cortas

Otra de las características más destacadas de los sermones de Cho es el uso de oraciones cortas. Si comparamos a aquellos predicadores que hacen uso de oraciones largas como un libro, los sermones de Cho son como un diálogo ininterrumpido que toca el corazón. El predicador debe ser económico en el uso de las palabras.

8) Popularidad

Este factor tiene que ver con el rango de audiencia. Es decir, un predicador puede tocar temas muy profesionales de alto nivel intelectual, pero el problema es que su rango de audiencia será disminuido drásticamente.

Una de las características más destacadas de los sermones de Cho es la popularidad. En otras palabras, la edad, el status social, el nivel intelectual, e inclusive la raza no son obstáculos que impidan la comunicación en sus sermones.

9) Convicción

Él remarca que el predicador tiene que tener una fuerte convicción en el evangelio y la Biblia como la Palabra de Dios.[19] Cho sostiene que la predicación consiste en transmitir la Palabra de Dios.[20] En otras palabras, el sermón *es* la Palabra de Dios.

Por tanto, el predicador no debe de ninguna manera dar lugar a frases que carezcan de convicción, y decir: "Podemos decir que hemos sido salvos o pienso que la gracia de Cristo puede llegar a abundar en su vida".[21]

Otro aspecto irritante de los predicadores que han sido influenciados por la teología liberal, y por ende carecen de convicción en La Biblia como la Palabra de Dios, es que frecuentemente hacen uso de la palabra "mito" o "relato" (por ejemplo, mito de la creación, relato de Jacob), lo cual, como dice Gordon Fee, se relaciona con lo ficticio o un cuento inverosímil. Por tanto, se recomienda usar el término técnico "narración", o "palabra" en su forma más conservadora.[22]

10) Esperanza

En una entrevista televisiva, el doctor Cho manifestó su secreto para reunir a las multitudes, y dijo: "Antes no podía reunir a tanta gente, pero las multitudes llegaron cuando comencé a predicarles de esperanza". De hecho, el Evangelio Quíntuple y la Bendición Triple brindan esperanza a la gente.[23]

Él enseña que existen dos formas de transmitir un mismo mensaje: Predicar condenando o brindando esperanza a la gente. "En lugar de decir: Absténgase de pecar, debemos enseñar a la gente que hemos sido perdonados, y que hemos vencido al pecado. En lugar de decir: "Salga de la maldición", tenemos que enseñar a nuestra gente que han sido liberados de toda clase de maldición".[24]

Como los dos maderos de la cruz representan lo positivo, el núcleo del mensaje del predicador debe residir en la fe, la esperanza y el amor.

Parte **3**
Liderazgo y teología ministerial de David Yonggi Cho

9 Los siete pilares del Evangelio Completo

10 El Evangelio Quíntuple

11 La Bendición Triple

9

Los siete pilares del Evangelio completo

El término "Evangelio Completo" viene de la traducción literal de *"Full Gospel"* del idioma inglés, el cual comenzó a usarse por la Confraternidad Pentecostal de Norteamérica en el artículo "Afirmación de la Verdad".[1]

Algunos han preferido hacer uso del término "Evangelio Pleno", lo cual puede considerarse también como una traducción legítima. Sin embargo, considero que en el contexto latinoamericano, la expresión "Evangelio Completo" ha sido utilizada más frecuentemente, incluso en el ámbito académico, por ende, haré uso de esta expresión.

¿Qué es el Evangelio Completo? El Evangelio Completo es el evangelio que acepta la Palabra de Dios en su forma total y plena. Cho hace énfasis en el Evangelio Completo de la siguiente forma: "Lamentablemente, hoy día existen muchas iglesias y creyentes que aceptan un evangelio parcial... El punto de partida del Evangelio Completo es la cruz del Calvario de Jesucristo... Por tanto, la fe del Evangelio Completo comienza en la fe en la cruz, sigue con la fe en la llenura del Espíritu Santo, la fe en la predicación del evangelio hasta los confines de la Tierra, la fe en la bondad divina, la fe en la sanidad divina, la fe en la segunda venida de Cristo, y se perfecciona con la fe en compartir con otros".[2] La siguiente parte es un resumen de una porción del libro *Five-fold Gospel & Three-fold Blessing* de Yonggi Cho.

1) Fe en la cruz del Calvario

El Evangelio Completo tiene su punto de partida en la cruz del Calvario, puesto que el único camino a la salvación es por medio de Jesucristo. Junto a la caída de Adán y Eva vinieron las tres calamidades: Muerte espiritual, maldición de las circunstancias y enfermedad. Pero mediante el segundo Adán, Jesucristo, llegaron las tres bendiciones: Salvación, prosperidad de las circunstancias y salud física (3 Juan 2).

2) Fe en la llenura del Espíritu Santo

Todos los que han sido salvos por medio de la redención de la cruz del Calvario deben recibir la llenura del Espíritu Santo. La llenura del Espíritu Santo no es otra cosa que el bautismo del Espíritu Santo, y su continua experiencia que se distingue de la regeneración.

Los discípulos de Jesús, aunque habían estado junto al Maestro durante tres años y medio, tuvieron temor. No obstante, cuando se cumplió la promesa de Jesús de enviar a otro *parakletos* en el día del Pentecostés, ocurrió una transformación genuina en la vida de los discípulos, a tal punto que salieron inmediatamente a las calles a anunciar el Evangelio.

3) Fe en la predicación del Evangelio hasta los confines de la Tierra

La Gran Comisión anunciada por Jesús dice: *"Por tanto, vayan y hagan discípulos de todas las naciones"* (Mateo 28:18-20). Esto se logra a través de la llenura del Espíritu Santo. *"Pero cuando venga el Espíritu Santo sobre ustedes, recibirán poder y serán mis testigos tanto en Jerusalén como en toda Judea y Samaria, y hasta los confines de la tierra"* (Hechos 1:8).

Si estudiamos la historia de la Iglesia Primitiva, comprenderemos que el Evangelio llegó a todos los rincones del imperio romano en menos de trescientos años. Luego, pasó por América, y de América se expandió a todas las naciones de la Tierra. Hoy en día, la cantidad de iglesias que se encuentran bajo el liderazgo de Cho en los cinco continentes son setecientas cuarenta y siete.

4) Fe en la bondad divina

El libro de los Salmos declara más de una vez: *"Alabad a Jehová, porque él es bueno; porque para siempre es su misericordia"* (Salmos 106:1; 107:1 - RV60). La humanidad ha tenido un concepto erróneo acerca de la persona de Dios. Pero Jesús presentó a Dios como un buen Padre (Mateo 7:11).

Dios es un Dios de justicia, sin embargo, el propósito de su justicia no es el castigo del hombre, sino la salvación del mismo (Hebreos 12:5-13; Ezequiel 37:23). El deseo de Dios es que tengamos vida y vida en abundancia (Juan 10:10), que gocemos de buena salud, y que prosperemos en todas las áreas de nuestra vida, así como prospera nuestra alma (3 Juan 2).

5) Fe en la sanidad divina

Después de la caída, el hombre fue destinado a la muerte, y la enfermedad es un síntoma de la misma. En otras palabras, la enfermedad es la causa del pecado de la desobediencia del hombre.

Jesús murió no solo para redimir nuestro pecado, sino también para sanar nuestras dolencias y enfermedades. La salvación que Dios provee es una salvación holística, que incluye tres áreas: Espíritu, alma (circunstancias) y cuerpo. De hecho, las dos terceras partes del ministerio de Jesús estuvo dedicada a la sanidad divina, y esto se basa en el cumplimiento de la profecía de Isaías 53:5.

El Evangelio Completo cree que la sanidad es la voluntad de Dios. Algunos piensan que Dios ha dejado de obrar sanidad divina. Pero recuerde esto, la sanidad divina ha estado presente a lo largo de toda la historia de la Biblia: *"porque yo soy Jehová tu sanador"* (Éxodo 15:26 RV60), *"y sanando toda enfermedad y dolencia entre la gente"* (Mateo 4:23), y la Biblia declara que *"Jesucristo es el mismo ayer y hoy y por los siglos"* (Hebreos 13:8).

6) Fe en la segunda venida de Cristo

El Evangelio Completo cree que Jesucristo vendrá de nuevo tal como la Biblia profetiza. Hoy día, existen falsos maestros que enseñan que Jesús no vendrá o vendrá en un tiempo específico que ellos sostienen. No obstante, la Biblia asegura que nadie sabe la hora en que vendrá nuestro Salvador.

Jesucristo vendrá en toda su gloria para salvar a su Iglesia, y juzgar a los que han rechazado el mensaje del Evangelio. La Iglesia será raptada instantáneamente, y los que han muerto en Jesucristo resucitarán, y participarán en la boda del Cordero. Luego de los siete años de tribulación, Jesús vendrá de nuevo y reinará por mil años. Finalmente, llegará el juicio final; los que estén escritos en el libro de la vida recibirán un nuevo cielo y una nueva Tierra como herencia, más los que no estén escritos en el libro de la vida, serán lanzados al lago de fuego por la eternidad, lo cual será la muerte segunda.

7) Fe en compartir con otros

El Evangelio Completo no es un evangelio ego-céntrico, sino un evangelio que se compromete en cumplir con la palabra de Jesús. *"Ama a tu prójimo como a ti mismo"* (Mateo 22:39; Marcos 12:31; Lucas 10:27). La fe en compartir con otros implica dar al prójimo lo que uno recibe de Dios, somos bendecidos para servir y ser de bendición a los demás.

La Iglesia del Evangelio Completo sirve a la comunidad de diversas formas, pero se destacan las siguientes instituciones: la Universidad de Hansei, una institución académica comprometida con formar profesionales para extender el reino de Dios en la Tierra, el Centro de Bienestar Elim, comprometido con la formación laboral de jóvenes y adultos carenciados, el Diario Kukmin que contiene cuatro páginas del evangelio de Jesucristo, y *"Good People"*, la primera ONG establecida por una iglesia, que se compromete en brindar ayuda a nivel nacional e internacional.

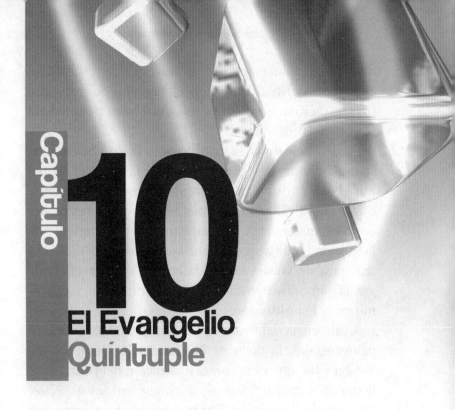

Capítulo

10

El Evangelio
Quíntuple

El término "Evangelio Quíntuple" tiene sus raíces en los cinco pilares del Evangelio Completo de los primeros pentecostales.

Donald Dayton, en su libro *Raíces Teológicas del Pentecostalismo*, hace una cita de otro libro, y explica que Dios restauró la doctrina de la justificación por la fe a través de Martín Lutero (Romanos 5:1) y la santificación por la fe a través de John Wesley (Hechos 26:18). Más tarde, llegó la restauración de la sanidad divina por medio de la fe (Santiago 5:14-15) y la segunda venida de Cristo (Hechos 1:11) por medio de diversas personas, y por último, Dios restauró el evangelio del bautismo con el Espíritu Santo y con fuego mediante el gran movimiento pentecostal (Lucas 3:16; Hechos 1:5).[1]

En otras palabras, la justificación, la santificación, la sanidad divina, la segunda venida de Cristo y el bautismo del Espíritu Santo conformaron el fundamento bíblico del Evangelio Completo de los primeros pentecostales, que tiene su fundamento en el movimiento de la santidad, que a su vez tiene sus raíces en la tradición teológica de Wesley conocida como "Las tres obras de gracia", que incluye conversión, santificación y bautismo en el Espíritu Santo.

A diferencia del Evangelio Quíntuple de los primeros pentecostales, la doctrina del Evangelio Quíntuple de Yonggi Cho, que es la contextualización del pentecostalismo en Corea del Sur, se distingue en dos aspectos: Primero, la llenura del Espíritu Santo une el concepto del bautismo del Espíritu Santo y la santificación. Segundo, la doctrina de la prosperidad ha sido agregada.

Por tanto, el Evangelio Quíntuple de Yonggi Cho consiste en: Regeneración, llenura del Espíritu Santo, sanidad divina, prosperidad y la segunda venida de Cristo. La siguiente parte es un resumen de una porción del libro *Five-fold Gospel & Three-fold Blessing* de Yonggi Cho:

1) Evangelio de la regeneración

Juan 3:16 dice: *"Porque tanto amó Dios al mundo, que dio a su Hijo unigénito, para que todo el que cree en él no se pierda, sino que tenga vida eterna"*. Jesucristo vino a esta Tierra para redimir la humanidad del

pecado y de la ley de la muerte, y quitar las tres calamidades, con el fin de brindarnos vida abundante y
la Bendición Triple. *"Por lo tanto, si alguno está en
Cristo, es una nueva creación. ¡Lo viejo ha pasado, ha
llegado ya lo nuevo!"* (2 Corintios 5:17).

2) Evangelio de la llenura del Espíritu Santo

Cho mantiene la doctrina tradicional del pentecostalismo clásico al hacer una clara distinción entre la
regeneración y el bautismo del Espíritu Santo
(Hechos 19:2). No obstante, Cho hace uso del término "llenura del Espíritu Santo", porque el mismo
unifica el concepto del bautismo y la siguiente experiencia en el Espíritu Santo.[2] La llenura del Espíritu
Santo no es otra cosa que la llenura de Jesucristo, y
se caracteriza por la plenitud de los dones del
Espíritu Santo y el fruto del Espíritu Santo.

Una observación personal es que esta doctrina unifica también el concepto de la santificación de la
tradición de Wesley, porque Cho asegura que existe una directa interrelación entre su doctrina del
Evangelio Quíntuple y la doctrina del Evangelio
Cuádruple del movimiento de la santidad, que a su
vez tiene su fundamento en la tradición wesleyana.[3]

No obstante, en cuanto a la evidencia física del
bautismo del Espíritu Santo de hablar en lenguas,
aunque mantiene la postura tradicional del pentecostalismo clásico, Cho agrega que existen dos
factores adicionales: Poder para predicar el
Evangelio y convicción de corazón.[4]

3) Evangelio de la sanidad divina

Algunos sostienen la cesación de los dones del Espíritu Santo, pero Dios dijo: *"Yo soy el Señor, que les devuelve la salud"* (Éxodo 15:26), y *"Yo, el Señor, no cambio"* (Malaquías 3:6). Los versículos claves de la sanidad divina son: *"Ciertamente él cargó con nuestras enfermedades y soportó nuestros dolores"* (Isaías 53:4), y *"Estas señales acompañarán a los que crean: en mi nombre expulsarán demonios; hablarán en nuevas lenguas; tomarán en sus manos serpientes; y cuando beban algo venenoso, no les hará daño alguno; pondrán las manos sobre los enfermos, y éstos recobrarán la salud"* (Marcos 16:17-18).

Cho sostiene que existen tres principales causas de enfermedad: 1) El diablo (Juan 10:10), 2) El pecado (Romanos 5:12), 3) La maldición (Deuteronomio 28:58-62). Por tanto, todo aquel que desee experimentar sanidad divina debe persistir en los siguientes aspectos: 1) La oración (Santiago 5:14-15), 2) La fe (Mateo 9:22), 3) La obediencia (Éxodo 15:26).[5]

4) Evangelio de la prosperidad

Si bien los primeros pentecostales han hecho énfasis en la prosperidad, Cho ha sido la persona que lo elevó a nivel de doctrina.

Los versículos clave para la teología de la prosperidad son: *"Ya conocen la gracia de nuestro Señor Jesucristo, que aunque era rico, por causa de ustedes se hizo pobre, para que mediante su pobreza ustedes llegaran a ser ricos"* (2 Corintios 8:9), *"Cristo nos rescató de la maldición de la ley al hacerse maldición por nosotros, pues está escrito: 'Maldito todo el que es colgado de un madero'. Así sucedió, para que, por medio de Cristo Jesús, la bendición prometida a Abraham llegara a las naciones, y para que por la fe recibiéramos el Espíritu según la promesa"* (Gálatas 3:13-14).

Lamentablemente, la connotación de la palabra "prosperidad" solo ha estado ligada con la riqueza material. Pero si estudiamos la Biblia, comprenderemos que existen varios términos en hebreo para la traducción de la palabra prosperidad en el idioma español. Por ejemplo, el último versículo del capítulo 39 del libro de Génesis dice: *"Como el Señor estaba con José y hacía prosperar todo lo que él hacía"* (Génesis 39:23). Ante la conquista de la tierra de Canaán, Dios le dijo a Josué: *"porque entonces harás prosperar tu camino, y todo te saldrá bien"* (Josué 1:8 RV60). En ambos casos, la prosperidad no está ligada simplemente con lo material, sino que tiene un significado mucho más amplio y profundo.

De hecho, la teología de la prosperidad de Cho se distingue del movimiento de la teología de la prosperidad de Kenneth Hagin, porque no define la prosperidad como un fin, y abraza también la teología del sufrimiento.[6] Sin embargo, sostiene que el sufrimiento tiene sentido solo cuando el mismo es por causa del evangelio, porque tiene un significado de redención. Pero, si se trata de un sufrimiento cuya causa es el pecado o el diablo, y cubre la gloria de Dios, debe ser rechazado inmediatamente.[7]

Creo que la teología de la prosperidad bíblica significa mucho para latinoamérica. Por muchos años, la iglesia latinoamericana ha sido considerada como una iglesia pobre, pero a través de su divina visitación, Dios está levantando una nueva generación, y es ésta la generación que necesita comprender y abrazar la teología bíblica de la prosperidad.

5) Evangelio de la segunda venida de Cristo

Dios prometió la segunda venida de Cristo. *"El Señor mismo descenderá del cielo con voz de mando, con voz de arcángel y con trompeta de Dios, y los muertos en Cristo resucitarán primero. Luego los que estemos vivos, los que hayamos quedado, seremos arrebatados junto con ellos en las nubes para encontrarnos con el Señor en el aire. Y así estaremos con el Señor para siempre"* (1 Tesalonicenses 4:16-17).

El creyente debe vivir una vida orientada hacia el futuro y el reino de Dios. No obstante, la fe en la segunda venida de Cristo no nos debe alejar de la realidad, sino que nos debe hacer sentir una gran carga y responsabilidad por la presente generación.

Capítulo 11

La Bendición Triple

E l término "Bendición Triple" está relacionado con la salvación holística, y cubre las tres áreas del hombre: Espíritu, alma y cuerpo. Mientras que el Evangelio Quíntuple es la teoría y la doctrina de la vida cristiana, la Bendición Triple viene a ser la práctica y la aplicación del mismo.

La interrelación de la Bendición Triple con el Evangelio Quíntuple es simple: La bendición del espíritu se relaciona con el evangelio de la regeneración, la llenura del Espíritu Santo y la segunda venida de Cristo, mientras que la bendición del alma está ligada con el evangelio de la prosperidad, y por último, la bendición física tiene que ver con el evangelio de la sanidad divina.[1]

Bendición espiritual	Regeneración, llenura del Espíritu Santo, segunda venida de Cristo
Bendición circunstancial	Prosperidad
Bendición física	Sanidad divina

La Bendición Triple tiene su fundamento bíblico en 3 Juan, versículo 2: *"oro para que te vaya bien en todos tus asuntos y goces de buena salud, así como prosperas espiritualmente"*.

La Bendición Triple es el resultado de la salvación holística de la caída triple. Es decir, la muerte espiritual (Génesis 2:16-17) en la redención espiritual (Isaías 53:5), la maldición de las circunstancias (Génesis 3:17-18) en prosperidad (Isaías 53:5; 2 Corintios 8:9; Gálatas 3:13), y la muerte física (Génesis 3:19) en sanidad (Isaías 53:4; 1 Corintios 15:42-45). Mi hipótesis es que la Bendición Triple es la teología práctica de Cho, y se caracteriza por tres elementos: El holismo, la inmanencia y el actualismo.

Una observación personal es que la Bendición Triple, al igual que el Evangelio Quíntuple, ha sido la clave del crecimiento de la iglesia que lidera el pastor Cho, convirtiéndose en un lenguaje propio de la congregación.

"La verdad de la Bendición Triple en Cristo es la piedra angular de mi fe y la base filosófica de mis mensajes".[2] El tema del lenguaje propio es un denominador común que se halla en todas las congregaciones con mayor tasa de crecimiento en el mundo. Pablo también enfatiza este punto, diciendo: *"Les suplico, hermanos, en el nombre de nuestro Señor Jesucristo, que todos vivan en armonía y que no haya divisiones entre ustedes, sino que se mantengan unidos en un mismo pensar y en un mismo propósito"* (1 Corintios 1:10). La siguiente parte es un resumen de una porción del libro *Five-fold Gospel & Three-fold Blessing* de Yonggi Cho.

1) Bendición espiritual

La prioridad nunca debe ser nuestro cuerpo, porque lo terrenal no es eterno, más el espíritu del hombre si lo es. El espíritu debe prosperar mediante la Palabra de Dios, pues es solo por la sangre de Jesucristo y la obra del Espíritu Santo que nuestro espíritu puede ser regenerado, y de esta manera entrar en un nuevo nivel de orden.

Por tanto, necesitamos primeramente buscar el reino de Dios y su justicia, para que todas las cosas relacionadas con lo terrenal y temporal sean añadidas.

2) Bendición de las circunstancias

El nivel de redención del alma incluye las circunstancias. Es a través de Jesucristo que hemos recibido el derecho legal a salir de la tierra de la maldición, de las espinas y los cardos, y entrar en la tierra de la bendición, donde fluye leche y miel. Dios es fuente de toda bendición. *"Si realmente escuchas al Señor tu Dios, y cumples fielmente todos estos mandamientos que hoy te ordeno, el Señor tu Dios te pondrá por encima de todas las naciones de la tierra. Si obedeces al Señor tu Dios, todas estas bendiciones vendrán sobre ti y te acompañarán siempre: Bendito serás en la ciudad, y bendito en el campo. Benditos serán el fruto de tu vientre, tus cosechas, las crías de tu ganado, los terneritos de tus manadas y los corderitos de tus rebaños. Benditas serán tu canasta y tu mesa de amasar. Bendito serás en el hogar, y bendito en el camino"* (Deuteronomio 28:1-6).

Pero cabe remarcar que la bendición de las circunstancias no es un fin en sí, sino una añadidura. Por tanto, el creyente debe tener una buena conciencia y un corazón limpio.[3]

3) Bendición física

Cho sostiene que la bendición física se relaciona con el tiempo pasado, porque Isaías 53:5 dice: *"por su llaga fuimos nosotros curados"* (RV60 énfasis mío). Por tanto, la enfermedad debe ser considerada como un "parqueo ilegal". Marcos 16:17-18, Santiago 5:14-15, son algunos de los pasajes que Cho enfatiza para reclamar el derecho legal para la salud física que Cristo nos brindó hace dos mil años.

De hecho dos terceras partes del ministerio terrenal de Jesús están dedicadas a la sanidad, y Jesús les dio a sus discípulos autoridad para sanar a los enfermos. Por tanto, un ministerio nunca debe omitir la sanidad divina. Es la voluntad de Dios que gocemos de buena salud.

Apéndice I

Versículos bíblicos claves de la cuarta dimensión:

Génesis 12:2: *"Haré de ti una nación grande, y te bendeciré; haré famoso tu nombre, y serás una bendición"*.

Génesis 13:14-15: *"Después de que Lot se separó de Abram, el Señor le dijo: Abram, levanta la vista desde el lugar donde estás, y mira hacia el norte y hacia el sur, hacia el este y hacia el oeste. Yo te daré a ti y a tu descendencia, para siempre, toda la tierra que abarca tu mirada"*.

Génesis 15:5: *"Luego el Señor lo llevó afuera y le dijo: Mira hacia el cielo y cuenta las estrellas, a ver si puedes. ¡Así de numerosa será tu descendencia!"*

Deuteronomio 28:7: *"El Señor te concederá la victoria sobre tus enemigos. Avanzarán contra ti en perfecta formación, pero huirán en desbandada"*.

Deuteronomio 28:12-13: *"El Señor abrirá los cielos, su generoso tesoro, para derramar a su debido tiempo la lluvia sobre la tierra, y para bendecir todo el trabajo de tus manos. Tú les prestarás a muchas naciones, pero no tomarás prestado de nadie. El Señor te pondrá a la cabeza, nunca en la cola. Siempre estarás en la cima, nunca en el fondo, con tal de que prestes atención a los mandamientos del Señor tu Dios que hoy te mando, y los obedezcas con cuidado"*.

Salmos 23:1, 4: *"El Señor es mi pastor, nada me falta (...) Aun si voy por valles tenebrosos, no temo peligro alguno porque tú estás a mi lado; tu vara de pastor me reconforta"*.

Salmos 81:10: *"Abre bien la boca, y te la llenaré"*.

Proverbios 4:23: *"Por sobre todas las cosas cuida tu corazón, porque de él mana la vida"*.

Proverbios 18:21: *"En la lengua hay poder de vida y muerte; quienes la aman comerán de su fruto"*.

Proverbios 29:18: *"Donde no hay visión, el pueblo se extravía; ¡dichosos los que son obedientes a la ley!"*

Isaías 40:31: *"Pero los que confían en el Señor renovarán sus fuerzas; volarán como las águilas: correrán y no se fatigarán, caminarán y no se cansarán"*.

Isaías 41:10: *"Así que no temas, porque yo estoy contigo; no te angusties, porque yo soy tu Dios. Te fortaleceré y te ayudaré; te sostendré con mi diestra victoriosa"*.

Isaías 53:5: *"Él fue traspasado por nuestras rebeliones, y molido por nuestras iniquidades; sobre él recayó el castigo, precio de nuestra paz, y gracias a sus heridas fuimos sanados"*.

Jeremías 33:3: *"Clama a mí y te responderé, y te daré a conocer cosas grandes y ocultas que tú no sabes"*.

Zacarías 4:6: *"Así que el ángel me dijo: Ésta es la palabra del Señor para Zorobabel: No será por la fuerza ni por ningún poder, sino por mi Espíritu dice el Señor Todopoderoso"*.

Mateo 8:13: *"Luego Jesús le dijo al centurión: –¡Ve! Todo se hará tal como creíste. Y en esa misma hora aquel siervo quedó sanó"*.

Marcos 9:23: *"Para el que cree, todo es posible"*.

Marcos 11:23-24: *"Les aseguro que si alguno le dice a este monte: 'Quítate de ahí y tírate al mar', creyendo, sin* abrigar la menor duda de que lo que dice sucederá, lo obtendrá. Por eso les digo: Crean que ya han recibido todo lo que estén pidiendo en oración, y lo obtendrán.

Marcos 16:17-18: *"Estas señales acompañarán a los que crean: en mi nombre expulsarán demonios; hablarán en nuevas lenguas; tomarán en sus manos serpientes; y cuando beban algo venenoso, no les hará daño alguno; pondrán las manos sobre los enfermos, y éstos recobrarán la salud".*

Lucas 6:38: *"Den, y se les dará: se les echará en el regazo una medida llena, apretada, sacudida y desbordante. Porque con la medida que midan a otros, se les medirá a ustedes".*

Lucas 11:9-10: *"Pidan, y se les dará; busquen, y encontrarán; llamen, y se les abrirá la puerta. Porque todo el que pide, recibe; el que busca, encuentra; y al que llama, se le abre".*

Juan 10:10: *"El ladrón no viene más que a robar, matar y destruir; yo he venido para que tengan vida, y la tengan en abundancia".*

Hechos 1:8: *"Pero cuando venga el Espíritu Santo sobre ustedes, recibirán poder y serán mis testigos tanto en Jerusalén como en toda Judea y Samaria, y hasta los confines de la tierra".*

Hechos 2:17: *"Sucederá que en los últimos días, dice Dios, derramaré mi Espíritu sobre todo el género humano. Profetizarán sus hijos y sus hijas, los jóvenes tendrán visiones y los ancianos tendrán sueños".*

Hechos 3:6: *"—No tengo plata ni oro —declaró Pedro—, pero lo que tengo te doy. En el nombre de Jesucristo de Nazaret, ¡levántate y anda!"*

Hechos 15:28: *"Nos pareció bien al Espíritu Santo y a nosotros no imponerles a ustedes ninguna carga aparte de los siguientes requisitos".*

Romanos 4:17: *"Así que Abraham creyó en el Dios que da vida a los muertos y que llama las cosas que no son como si ya existieran".*

Romanos 8:28: *"Ahora bien, sabemos que Dios dispone todas las cosas para el bien de quienes lo aman, los que han sido llamados de acuerdo con su propósito".*

Romanos 8:37: *"Sin embargo, en todo esto somos más que vencedores por medio de aquel que nos amó".*

Romanos 10:10: *"Porque con el corazón se cree para ser justificado, pero con la boca se confiesa para ser salvo".*

Romanos 12:2: *"No se amolden al mundo actual, sino sean transformados mediante la renovación de su mente. Así podrán comprobar cuál es la voluntad de Dios, buena, agradable y perfecta".*

1 Corintios 2:9: *"Sin embargo, como está escrito: "Ningún ojo ha visto, ningún oído ha escuchado, ninguna mente humana ha concebido lo que Dios ha preparado para quienes lo aman".*

1 Corintios 4:20: *"Porque el reino de Dios no es cuestión de palabras sino de poder".*

1 Corintios 15:55: *"¿Dónde está, oh muerte, tu victoria? ¿Dónde está, oh muerte, tu aguijón?"*

2 Corintios 5:17: *"Por lo tanto, si alguno está en Cristo, es una nueva creación. ¡Lo viejo ha pasado, ha llegado ya lo nuevo!"*

2 Corintios 8:9: *"Ya conocen la gracia de nuestro Señor Jesucristo, que aunque era rico, por causa de ustedes se hizo pobre, para que mediante su pobreza ustedes llegaran a ser ricos".*

Gálatas 3:13: *"Cristo nos rescató de la maldición de la ley al hacerse maldición por nosotros, pues está escrito: "Maldito todo el que es colgado de un madero".*

Efesios 3:20: *"Al que puede hacer muchísimo más que todo lo que podamos imaginarnos o pedir, por el poder que obra eficazmente en nosotros".*

Filipenses 2:13: *"Pues Dios es quien produce en ustedes tanto el querer como el hacer para que se cumpla su buena voluntad".*

Filipenses 4:13: *"Todo lo puedo en Cristo que me fortalece".*

Hebreos 11:1: *"Ahora bien, la fe es la garantía de lo que se espera, la certeza de lo que no se ve".*

Hebreos 11:6: *"En realidad, sin fe es imposible agradar a Dios, ya que cualquiera que se acerca a Dios tiene que creer que él existe y que recompensa a quienes lo buscan".*

1 Pedro 2:9: *"Pero ustedes son linaje escogido, real sacerdocio, nación santa, pueblo que pertenece a Dios, para que proclamen las obras maravillosas de aquel que los llamó de las tinieblas a su luz admirable".*

3 Juan 2: *"Querido hermano, oro para que te vaya bien en todos tus asuntos y goces de buena salud, así como prosperas espiritualmente".*

Apéndice II

Para obtener material oficial sobre el doctor Yonggi Cho:

Sitios en Internet
http://www.fgtv.com
http://spanish.fgtv.com
http://www.davidcho.com
http://churchgrowthint.homestead.com/home.html

Revistas
Church Growth International
DCEM (puede solicitarlas en www.davidcho.com)

Libros publicados en español
45 años de esperanza (Editorial Peniel).
Apocalipsis (Editorial Carisma).
Cambia tu mentalidad (Editorial Peniel).
¿Cómo puedo ser sanado? (Editorial Vida).
¿Cómo tener éxito en la vida? (Editorial Vida).
La cuarta dimensión (Editorial Vida).
La cuarta dimensión II (Editorial Peniel).
La Espiritualidad de la cuarta dimensión (Editorial Peniel).
Liderazgo espiritual para el nuevo milenio (Editorial Vida).
Los grupos familiares y el crecimiento de la iglesia (Editorial Vida).
Dios: Padre, Hijo y Espíritu Santo (Editorial Vida).
La fe en Dios mueve montañas (Editorial Peniel).

Los grupos celulares y el crecimiento de la iglesia (Editorial Vida).

Guía para el estudio en grupo (Editorial Vida).

Mi compañero el Espíritu Santo (Editorial Vida).

Modelos para orar (Editorial Vida).

Mucho más que números (Editorial Vida).

Oración, la clave del avivamiento (Editorial Caribe Betania).

Oremos con Cristo (Editorial Vida).

Secretos del crecimiento de la iglesia (Editorial Caribe Betania).

Solución para los problemas de la vida (Editorial Vida).

Sufrir, ¿por qué yo? (Editorial Vida).

Las tres bendiciones en Cristo (Editorial Peniel).

Notas

Capítulo 1

1) http://www.rae.es
2) Karen Hurston, Crecimiento de la Iglesia más Grande del Mundo. Vida, 1996, p. 12.
3) Myung Sung Hoon & Hong Young Gi, *Charis and Charisma*. Regnum, 2003, pp. 123-124.
4) John Maxwell, *Developing the Leader within You*. Nelson Publisher, 1993, pp. 8-11.
5) Myung Sung Hoon & Hong Young Gi, op. cit.
6) Cho Yonggi *La cuarta dimensión*. t.2. Peniel, 2002, pp. 5-7.
7) _____, *"Church Growth Lecture"*, A lecture given at the CGI (Church Growth Internatioal) Conference, 8th-13th October, 2003, Yoido Full Gospel Church, Seoul.

Capítulo 2

1) Myung Sung Hoon & Hong Young Gi, *Charis and Charisma*. Regnum, 2003, pp. 51-52.
2) Ibid., p. 53.
3) Colin Brown, New International Dictionary of New Testament Theology. t.1. Zondervan, 1986, pp. 639-644.
4) Cho Yonggi *Word and Faith*. t.2. Seoul Logos, 2002, pp. 20-21.
5) Myung Sung Hoon & Hong Young Gi, op. cit., p. 53.
6) Cho Yonggi *La cuarta dimensión*. t.2. Peniel, 2002, pp. 25-26.
7) Ibid., p. 29.
8) Cho Yonggi *Word and Faith*. t.2. op. cit., pp. 79-81.

Capítulo 3

1) Hong Young Gi, *Spirituality and Leadership*. Institute for Church Growth, 2003, p. 19.
2) Cho Yonggi *"Fourth Dimension Spirituality"*, A lecture given at CGI (Church Growth International) Conference, 12th-17th October, 2005, Yoido Full Gospel Church, Seoul.
3) Ibíd.
4) Cho Yonggi *La fe en Dios Mueve Montañas*. Peniel, 2002, pp. 30-34.
5) _____, "Fourth Dimension Spirituality", op. cit.
6) Harold Caballeros, *"Los Poderes, la Cosmovisión, y el Desarrollo de los Pueblos"*, A lecture given at World Congress Community Transformation, 29th October-1st November, 2002, El Shaddai Church, Guatemala City.
7) Cho Yonggi "Fourth Dimension Spirituality", op. cit.
8) _____, *"We are kings and priests in the Lord"*, A lecture given at CGI (Church Growth International) Conference, 12th-17th October 2005, Yoido Full Gospel Church, Seoul.
9) Myung Sung Hoon & Hong Young Gi, *Charis & Charisma*. Regnum, 2003, pp. 63-74.

Capítulo 4

1) Hong Young Gi, *Spirituality and Leadership*. Institute for Church Growth, 2003, p. 194.
2) Myung Sung Hoon & Hong Young Gi, *Charis & Charisma*. Regnum, 2003, p. 64.
3) Ibid., pp. 69-70.
4) Cho Yonggi *La cuarta dimensión*. t.2. Peniel, 2002, p. 33.
5) Ibíd., p. 33.

6) Cho Yonggi *"We are kings and priests in the Lord"*, A lecture given at CGI (Church Growth International) Conference, 12th-17th October, 2005, Yoido Full Gospel Church, Seoul.

7) _____, *45 Años de Esperanza*. Peniel, 2004, pp. 211-214.

8) Myung Sung Hoon & Hong Young Gi, op. cit., p. 67.

Capítulo 5

1) Myung Sung Hoon & Hong Young Gi, *Charis & Charisma*. Regnum, 2003, p. 38.

2) Cho Yonggi *"Fourth Dimension Spirituality"*, A lecture given at CGI (Church Growth International) Conference, 12th-17th October, 2005, Yoido Full Gospel Church, Seoul.

3) Myung Sung Hoon & Hong Young Gi, op. cit., p. 81.

4) Cho Yonggi *Preaching is my Life*. Seoul Logos, 2005, p. 48.

5) http://w3.whosea.org/EN/Section898/Section1441.htm

6) Cho Yonggi *"Fourth Dimension Spirituality"*. Church Growth Monthly Journal, April, 2005.

Capítulo 6

1) Myung Sung Hoon & Hong Young Gi, *Charis and Charisma*. Regnum, 2003, p. 50.

2) Cho Yonggi *Secretos de Crecimiento de la Iglesia*. Betania, 2000, pp. 1-14.

3) Myung Sung Hoon & Hong Young Gi, op. cit., p. 43.

4) Cho Yonggi *"Church Growth Lecture"*, A lecture given at the CGI (Church Growth Internatioal) Conference, 8th-13th October, 2003, Yoido Full Gospel Church, Seoul.

5) George Barna, *El Poder de la Visión*, Peniel, 2002, p. 24.

6) Cho Yonggi *"Church Growth Lecture"*, op. cit.

7) Myung Sung Hoon & Hong Young Gi, op. cit., p. 63.

8) Cho Yonggi Spiritual Leadership for the New Millennium. Seoul Logos, 2003, p. 37.

9) _____, *La cuarta dimensión*. t.2. Peniel, 2002, pp. 20-29.

10) _____, *"Church Growth Lecture"*, op. cit.

11) _____, *"How to overcome life's problems?"*, A lecture given at CGI (Church Growth International) Conference, 12th-17th October, 2005, Yoido Full Gospel Church, Seoul.

12) Myung Sung Hoon & Hong Young Gi, op. cit., p. 87.

13) Robert Coleman, *El Plan Maestro de la Evangelización*. Editorial Unilit, 1998, p. 105.

14) Myung Sung Hoon & Hong Young Gi, op. cit., pp.143-157.

Capítulo 7

1) Myung Sung Hoon & Hong Young Gi, *Charis & Charisma*. Regnum, 2003, p. 93.

2) Ibid.

3) Ibid., p. 87.

4) Park Hong Rae, *Cell Group Cell Church*, Sarang, 2003, pp. 138-143.

5) Myung Sung Hoon & Hong Young Gi, op. cit., p. 144.

6) Cho Yonggi *A Bible Study for New Christians*, Seoul Logos, 2002, pp. 5-6.

7) _____, *Word and Faith*. t.1,2,3,4,5. Seoul Logos, 2002.

8) _____, *"Church Growth Lecture"*, A lecture given at the CGI (Church Growth Internatioal) Conference, 8th-13th October, 2003, Yoido Full Gospel Church, Seoul.

9) _____, *The Home Cell Study Guide*. t.2. Seoul Logos, 2000, p. 9.

10) Myung Sung Hoon & Hong Young Gi, op. cit., p. 88.

11) Lee Young Hoon, "Historia y sistema de los grupos celulares de la Iglesia del Evangelio Completo de Yoido". Church Growth Monthly Journal, August, 2005.

12) Ibíd.

13) Cho Yonggi *45 Años de Esperanza*. Peniel, 2004, p. 98.

Capítulo 8

1) Myung Sung Hoon & Hong Young Gi, *Charis & Charisma*. Regnum, 2003, p. 75.

2) Cho Yonggi *Preaching is my Life*. Seoul Logos, 2005, p. 17.

3) Ibid., p. 15.

4) Ibid., pp. 147-148.

5) Ibíd., p. 98.

6) Ibíd., p. 342.

7) La palabra "Proposición" es un término técnico de homilética, que significa: la tesis, la idea germinal, la idea homilética, la frase temática, afirmación de la principal lección espiritual o de la verdad intemporal del sermón, traducida en una frase declarativa. James Braga, *¿Cómo preparar mensajes bíblicos?* Editorial Portavoz, 1986, p. 129.

8) Ibíd., p. 265.

9) Myung Sung Hoon & Hong Young Gi, op. cit., pp. 78-79.

10) Ibíd., p. 80.

11) Ibíd., p. 81.

12) Ibíd., p. 78.

13) Ibíd., p. 81.

14) Cho Yonggi *Preaching is my Life*, op. cit., p. 34.

15) Myung Sung Hoon & Hong Young Gi, op. cit., p. 22.

16) Cho Yonggi op. cit., pp. 308-309.

17) Ibid., p. 311.

18) Myung Sung Hoon & Hong Young Gi, op. cit., p. 9.

19) Cho Yonggi op. cit., pp. 263-265.

20) Ibíd., p. 267.

21) Ibíd., p. 312.

22) Gordon Fee & Douglas Stuart, *La Lectura Eficaz de la Biblia*. Editorial Vida, 1985, pp. 65-66.

23) Cho Yonggi *Cambia tu Mentalidad*. Peniel, 2004, p. 123.

24) _____, *Preaching is my Life*, op. cit., p. 67.

Capítulo 9

1) Donald Dayton, *Raíces Teológicas del Pentecostalismo*. Nueva Creación, 1996, p. 7.

2) Cho Yonggi *Five-fold Gospel & Three-fold Blessing*. Seoul Logos, 1997, pp. 10-11.

Capítulo 10

1) Donald Dayton, *Raíces Teológicas del Pentecostalismo*. Nueva Creación, 1996, p. 7.

2) Hong Young Gi, *Spirituality & Leadership*. Institute for Church Growth, 2003, pp. 86-87.

3) Cho Yonggi *Five-fold Gospel & Three-fold Blessing*. Seoul Logos, 1997, p. 44.

4) Ibid., pp. 100-101.

5) http://davidcho.fgtv.com

6) Hong Young Gi, op. cit., pp. 104-105.

7) http://davidcho.fgtv.com

Capítulo 11

1) Cho Yonggi *Five-fold Gospel & Three-fold Blessing*. Seoul Logos, 1997, pp. 262-264.

2) _____, *Salvation, Health, Prosperity*. Creation House, 1987, p. 5.

3) _____, *Preaching is my Life*. Seoul Logos, 2005, pp. 82-85.

Bibliografía

Barna, George. *El Poder de la Visión*. Peniel, 2002.

Braga, James. *¿Cómo preparar mensajes bíblicos?* Portavoz, 1986.

Brown, Colin. New International Dictionary of New Testament Theology. Zondervan, 1986.

Caballeros, Harold. *"Los Poderes, la Cosmovisión y el Desarrollo de los Pueblos"*. World Congress Videotape. 2002.

Cho, Yonggi *A Bible Study for New Christians*. Seoul Logos, 2002.

Cho, Yonggi *Cambia tu Mentalidad*. Peniel, 2004.

Cho, Yonggi*"Church Growth Lecture"*. CGI Videotape, 2003.

Cho, Yonggi Five-fold Gospel & Three-fold Blessing. Seoul Logos, 1997.

Cho, Yonggi *"Fourth Dimension Spirituality"*, CGI Videotape, 2005.

Cho, Yonggi *"Fourth Dimension Spirituality"*, ICG Magazine, 2005.

Cho, Yonggi "How to overcome life's problems?", CGI Videotape, 2005.

Cho, Yonggi *La cuarta dimensión*. T.2. Peniel, 2002.

Cho, Yonggi *La Fe en Dios Mueve Montañas*. Peniel, 2002.

Cho, Yonggi *Preaching is my Life*. Seoul Logos, 2005.

Cho, Yonggi *Salvation, Health, Prosperity*. Creation House, 1987.

Cho, Yonggi *Secretos de Crecimiento de la Iglesia*. Betania, 2000.

Cho, YonggiSpiritual Leadership for the New

Millennium. Seoul Logos, 2003.

Cho, Yonggi*The Home Cell Study Guide*. T.2. Seoul Logos, 2000.

Cho, Yonggi"We are kings and priests in the Lord". CGI Videotape, 2005.

Cho, Yonggi*Word and Faith*. T.2. Seoul Logos, 2002.

Cho, Yonggi *45 Años de Esperanza*. Peniel, 2004.

Coleman, Robert. *El Plan Maestro de la Evangelización*. Unilit, 1998.

Dayton, Donald. *Raíces Teológicas del Pentecostalismo*. Nueva Creación, 1996.

Fee, Gordon & Stuart, Douglas, *La Lectura Eficaz de la Biblia*. Vida, 1985.

Hong, Young Gi. *Spirituality and Leadership*. ICG, 2003.

Hurston, Karen. *Crecimiento de la Iglesia más Grande del Mundo*. Vida, 1996.

Lee, Young Hoon. *"Historia y sistema de los grupos celulares de la Iglesia del Evangelio Completo de Yoido"*. ICG Magazine, 2005.

Maxwell, John. *Developing the Leader within You*. Nelson, 1993.

Myung, Sung Hoon & Hong, Young Gi. *Charis & Charisma*. Regnum, 2003.

Park, Hong Rae. *Cell Group Cell Church*. Sarang, 2003.

Esperamos que este libro haya
sido de su agrado.
Para información o comentarios,
escríbanos a la dirección
que aparece debajo.
Muchas gracias.

Libros para siempre

info@peniel.com
www.editorialpeniel.com

Otros libros de....

45 años de esperanza

Historia y principios del sistema celular del la iglesia más grande del mundo. En este libro están los secretos de 45 años de ministerio exitoso del pastor Cho y la iglesia más grande del mundo en Seúl, Corea del Sur.

Cambia tu mentalidad

La clave de la vida es la mentalidad que se ha desarrollado a la largo del tiempo. Mentalidad de derrota, escasez y enfermedad dan como resultado una vida miserable. La buena noticia es que es posible cambiar la manera de pensar, para cambiar la manera de vivir.

Las tres bendiciones en Cristo

Para el espíritu: la plenitud de la salvación
Para el cuerpo: la salud
Para la vida terrenal: prosperidad
"Dios nos ama... y su amor desborda en bendiciones.
Su deseo es que nosotros prosperemos
como hijos de Él"

David Yonggi Cho

La cuarta dimensión "2"

¿Cómo moverse junto al Espíritu Santo? ¿Cómo ver claramente el resultado de nuestra oración? ¿Cómo arder en la visión del Señor?
¿Cómo vivir una exitosa vida de fe?
Viaje junto al doctor Cho a través del segundo volumen de la Cuarta Dimensión y descubrálo...

La fe en Dios mueve montañas

Los principios establecidos en este libro, cambiarán su actitud para que pueda conquistar y señorear sobre cualquier circunstancia. Cuando alguien cree que "la fe en Dios mueve montañas", experimentará los milagros a cada momento.
¡Para el que cree todo es posible!